ÉDITION REVUE ET AUGMENTÉE

Guide
des procédés d'écriture

ÉDITION REVUE ET AUGMENTÉE

Guide
des procédés d'écriture

Anne **Gagnon**

Carl **Perrault**

Huguette **Maisonneuve**

enseignants au Collège Jean-de-Brébeuf

ÉDITIONS DU RENOUVEAU PÉDAGOGIQUE INC.

5757, RUE CYPIHOT, SAINT-LAURENT (QUÉBEC) H4S 1R3
TÉLÉPHONE : **(514) 334-2690**   TÉLÉCOPIEUR : **(514) 334-4720**
erpidlm@erpi.com   **w w w . e r p i . c o m**

Directeur, développement de produits :
PIERRE DESAUTELS

Supervision éditoriale :
SYLVIE CHAPLEAU

Révision linguistique :
FRANÇOIS MORIN

Correction d'épreuves :
ODILE DALLASERRA

Direction artistique :
HÉLÈNE COUSINEAU

Coordination de la production :
MURIEL NORMAND

Conception graphique de l'intérieur et de la couverture :
MARTIN TREMBLAY

Illustration de la couverture :
JOSÉE MASSE

Édition électronique :
INFO GL

Dans cet ouvrage, le générique masculin est utilisé sans
aucune discrimination et uniquement pour alléger le texte.

Dépôt légal : 2007
Bibliothèque et Archives nationales du Québec
Bibliothèque nationale du Canada
Imprimé au Canada

ISBN 978-2-7613-2430-4   90   LIC   15 14 13
                                          20460 ABCD GUS14

Présentation

Le guide que nous vous proposons ne prétend pas être une méthode miracle pour apprendre à analyser un texte littéraire. Il vise plutôt à présenter, de manière concise, les principaux procédés d'écriture (moyens d'expression) desquels il est possible de tirer du sens ou de dégager un effet. Ce guide sera particulièrement utile aux étudiants du collégial qui, dans le cadre de leurs cours de littérature, sont appelés à analyser des textes littéraires et à les commenter. Il servira également à tous ceux qui cherchent à améliorer leur habileté de lecture ou à maîtriser davantage leur écriture.

Nous proposons un guide centré sur le sens et non sur le simple repérage. Ainsi, en plus d'être défini et accompagné de stratégies de repérage ou d'analyse, chaque procédé est mis en contexte à l'aide d'extraits littéraires, de manière à illustrer les différents sens ou effets qu'il peut produire[1]. D'autres procédés, présents dans le même exemple et contribuant à créer le même sens ou le même effet, sont également soulignés[2]. Notre travail, systématique, ne se prétend toutefois pas exhaustif. À l'exhaustivité nous avons préféré la clarté, qui permet non seulement de comprendre le texte, mais aussi (et surtout) de tirer du plaisir de la lecture.

Pour certains, ce plaisir viendra de l'usage de la préposition dans ce vers de Saint-Denys Garneau : « Je marche **à côté d'**une joie[3] », qui permet de saisir instantanément le sentiment d'aliénation du poète. D'autres seront touchés par la métaphore musicale de ce texte de Christian Bobin, qui explique que le bonheur naît de l'harmonie :

> Le bonheur, ce n'est pas une **note séparée**, c'est la joie que **deux notes** ont à rebondir l'une contre l'autre. Le malheur, c'est quand ça **sonne faux**, parce que **votre note et celle de l'autre ne s'accordent pas**. La séparation la plus **grave** entre les gens, elle est là, nulle part ailleurs : dans le **rythme**[4].

Ces « sources de plaisir » constituent différentes manières d'aborder ou de saisir un texte littéraire. Il existe de multiples façons d'entrer dans une œuvre : le type de phrase employé, le champ lexical des mots utilisés, les figures de style, etc. Ce sont ces diverses pistes d'analyse que vous propose le présent guide. Nous les avons classées en six catégories : les procédés d'énonciation, lexicaux, syntaxiques et grammaticaux, stylistiques, musicaux et, enfin, les procédés d'organisation du discours. Dans un chapitre, consacré aux tonalités, nous mettons le lecteur (et l'écrivain) sur la piste des procédés qui contribuent à créer une atmosphère particulière dans une œuvre. À la fin de l'ouvrage, nous présentons une analyse globale d'un texte littéraire, qui fait la synthèse des procédés étudiés, ainsi qu'un chapitre comportant des notions sur les genres poétique, narratif et dramatique.

---

1. Ces sens ou effets apparaissent en gras.
2. Ces autres procédés sont soulignés. Le soulignement rappelle celui d'un lien hypertexte et permet de « naviguer » dans le guide.
3. Hector de SAINT-DENYS GARNEAU, « Accompagnement », *Regards et jeux dans l'espace* (1937).
4. Christian BOBIN, *La folle allure* (1995).

Étant donné que les procédés n'appartiennent pas en propre à un seul type textuel, nous avons diversifié nos extraits en les tirant de textes poétiques, narratifs et dramatiques, et en les puisant dans différentes époques, différents courants et différentes littératures : française, québécoise et étrangère. Nous avons ainsi voulu montrer l'universalité des procédés et de leurs emplois.

En somme, notre souhait le plus intime est que ce guide donne envie de lire, qu'il permette de mieux comprendre un texte littéraire, qu'il amène à en saisir les nuances et à le savourer. Si, de surcroît, il fait aussi naître l'envie d'écrire, nous en serons ravis.

Bonne lecture !

Les auteurs

Remerciements

Les auteurs tiennent à remercier

Lucie Libersan, du Collège Ahuntsic
Julie Roberge, du Cégep Marie-Victorin
Louise Lachapelle, du Collège de Maisonneuve
Louise Poulin, du Cégep de Lévis-Lauzon
François La Bissonnière, du Cégep de Saint-Laurent
Dominique Cyr, du Collège de Bois-de-Boulogne

Table des matières

4 ▪ Procédés stylistiques   39

5 ▪ Procédés musicaux   59

6 ▪ Procédés d'organisation du discours : le discours narratif   65

Qu'est-ce qu'un
procédé d'écriture?

Définition

Un procédé d'écriture est un moyen d'expression dont il est possible de tirer du sens ou de dégager un effet. Par exemple, pour affirmer qu'un repas est bon, il est possible d'écrire cette phrase neutre : *Le repas est bon*, mais il est également possible d'écrire *Ce n'est pas mauvais* (litote), *Que c'est délicieux!* (phrase exclamative), *Comment arrives-tu à cuisiner des plats si savoureux?* (phrase interrogative, emploi du terme mélioratif *savoureux* et de l'adverbe d'intensité *si*), *C'est divin* (hyperbole), *Le poulet, la sauce, les asperges, tout est bon!* (énumération et emploi du pronom indéfini *tout*), etc. Un message peut donc être formulé de différentes manières, à l'aide d'une variété de procédés. Dans cet exemple, tous les procédés utilisés conduisent au même sens général : le locuteur cherche à exprimer sa satisfaction et à complimenter le destinataire. Ces procédés se distinguent toutefois par des nuances de sens : par la litote, le locuteur met en valeur son compliment ; par l'hyperbole ou par la phrase exclamative, il s'exprime avec plus d'enthousiasme, etc. L'interlocuteur habile perçoit ces nuances et peut les interpréter.

Interprétation des procédés d'écriture

Interpréter signifie «chercher à donner un sens». Pour cette raison, apprendre à repérer les procédés d'écriture ne constitue que la première étape de l'analyse littéraire. Il faut ensuite chercher à comprendre ce qui est exprimé par chacun des procédés repérés. Par telle phrase, par tel mot, le locuteur cherche-t-il à persuader, séduire, émouvoir, amuser, critiquer, complimenter ; susciter l'angoisse, l'indignation, l'admiration, le débat? Ne s'adresse-t-il qu'à lui-même, ne cherchant qu'à exprimer un état d'âme, un questionnement intérieur, un rêve? C'est en dégageant le sens ou l'effet des différents procédés que l'on parvient à saisir le sens de l'ensemble du texte.

Choix des procédés pertinents

L'analyse des procédés d'écriture conduit à une meilleure compréhension d'un texte littéraire. Cependant, quand vient le temps de rédiger une analyse de texte, il est important de ne mentionner que les procédés qui illustrent les idées que l'on exprime. Par exemple, dans cet extrait du *Cid* où Rodrigue se demande : «Faut-il laisser un affront impuni?/Faut-il punir le père de Chimène? [1]», on peut observer des phrases interrogatives, un parallélisme, une périphrase, la présence d'un verbe modalisateur, etc. Mais tous ces procédés ne revêtent pas le même intérêt. On relèvera la construction interrogative si on veut mettre de l'avant l'idée que Rodrigue est troublé et indécis. On relèvera plutôt la périphrase pour mettre l'accent sur l'importance de la relation entre Don Gomès, qui a offensé le père de Rodrigue, et Chimène, la bien-aimée du héros. On soulignera la présence du verbe modalisateur *falloir* si on souhaite insister sur le sens du devoir de Rodrigue, caractéristique importante du personnage. Bref, l'analyse des procédés d'écriture permet d'appuyer l'interprétation que l'on donne à un texte.

---

1. Pierre CORNEILLE, *Le Cid* (1637)

1 Procédés d'énonciation

Introduction

L'énonciation est la production d'un énoncé dans un certain contexte. Par cet énoncé, le locuteur peut rapporter des faits, des événements ou des pensées personnelles. Il peut aussi rapporter les paroles de quelqu'un d'autre. Dans tous les cas, le locuteur peut émettre son énoncé de manière neutre ou, au contraire, laisser transparaître son attitude à l'égard du propos qu'il exprime.

Les procédés d'énonciation sont les moyens d'expression qui permettent de comprendre la situation de communication : les marques du locuteur, les marques du destinataire, les marques du lieu et du moment où l'énoncé est émis, l'attitude du locuteur par rapport à son propos (marques de modalisation) et le discours qui est rapporté.

Exemple

«SCAPIN – Bon. Imaginez-vous que je suis votre père qui arrive, et répondez-moi fermement, comme si c'était à lui-même. Comment, pendard, vaurien, infâme, fils indigne d'un père comme moi, oses-tu bien paraître devant mes yeux, après tes bons déportements, après le lâche tour que tu m'as joué pendant mon absence ? Est-ce là le fruit de mes soins, maraud ? est-ce là le fruit de mes soins ? le respect qui m'est dû ? le respect que tu me conserves ? Allons donc. Tu as l'insolence, fripon, de t'engager sans le consentement de ton père, de contracter un mariage clandestin ? Réponds-moi, coquin, réponds-moi. Voyons un peu tes belles raisons. Oh ! que diable ! vous demeurez interdit !

OCTAVE – C'est que je m'imagine que c'est mon père que j'entends.»
MOLIÈRE, *Les Fourberies de Scapin* (1671).

■ Marque du destinataire

Les marques du destinataire (marques de la deuxième personne et mots mis en apostrophe) témoignent des rapports hiérarchiques qui existent entre les personnages. Alors que Scapin s'adresse à Octave en le vouvoyant (marque de respect), il le tutoie et l'insulte lorsqu'il se met dans la peau de son père, ce qui illustre la supériorité de ce dernier.

■ Marque de modalisation

Les marques de modalisation (noms et adjectifs péjoratifs) montrent l'indignation du père face au mariage clandestin de son fils.

[ ] Discours direct

Afin de préparer Octave aux répliques de son père, Scapin emploie le discours direct. Bien qu'il n'y ait pas de guillemets, on peut constater un changement de locuteur par le passage du *vous* au *tu* ainsi que par le ton autoritaire du père.

Les marques du locuteur

Définition

Le locuteur est la personne qui émet l'énoncé. Il peut être l'auteur, le narrateur ou un personnage.

Stratégie de repérage ou d'analyse

Parfois le locuteur se désigne. Pour ce faire, il emploie des marques de la 1re personne : des pronoms personnels (*je*, *me*, *moi*, *nous*), des pronoms possessifs (*le mien*, *le nôtre…*) ou des déterminants possessifs (*mon*, *ma*, *mes*, *notre*, *nos*). Parfois il présente son propos sans se désigner, avec une certaine distance (marques de la 3e personne). Parfois, enfin, il ne manifeste sa présence qu'en laissant transparaître la relation qu'il entretient avec le destinataire (emploi de l'impératif, choix du vouvoiement ou du tutoiement, etc.) ou son attitude par rapport aux propos qu'il émet (choix de termes mélioratifs ou péjoratifs).

Lorsque le locuteur est désigné, demandez-vous ce qu'il livre de lui-même au lecteur. Parle-t-il beaucoup ou peu de lui ? En quels termes ? Que désigne l'emploi des possessifs ?, etc.

Exemples	Sens ou effets
« **Je** suis le ténébreux, le veuf, l'inconsolé. » Gérard de NERVAL, « El Desdichado », *Les Chimères* (1854).	Le pronom personnel *je* met l'accent sur l'**introspection** du locuteur et sur la tonalité lyrique du poème. Cette tonalité est marquée par les termes relevant du champ lexical du deuil (*ténébreux, veuf, inconsolé*), qui témoignent de la morosité du locuteur.
« **Nous** étions à l'étude, quand le proviseur entra, suivi d'un nouveau habillé en bourgeois et d'un garçon de classe qui portait un grand pupitre. » Gustave FLAUBERT, *Madame Bovary* (1857).	L'emploi du pronom personnel de la 1re personne du pluriel (*nous*) donne l'impression que tous les élèves de la classe, y compris le locuteur, **forment une seule entité**. L'emploi du déterminant indéfini *un*, dans l'expression *un nouveau*, accentue l'effet d'opposition entre le groupe et l'individu.
« Tout **m'**avale. » Réjean DUCHARME, *L'Avalée des avalés* (1966).	L'emploi du pronom personnel *m'*, en position de complément, atteste le **caractère passif** de la locutrice, qui n'est pas le sujet de l'action et qui subit les événements. En fait, elle se sent absorbée par les autres, comme en témoigne le sens figuré du verbe *avaler*.

Les marques du destinataire

Définition

Le destinataire est la personne à qui l'énoncé est adressé. Dans une œuvre littéraire, le premier destinataire est toujours le lecteur. Cependant, très souvent, le locuteur s'adresse aussi à une personne (fictive ou réelle) à l'intérieur de l'œuvre.

Stratégie de repérage ou d'analyse

Parfois le destinataire est clairement désigné. On le reconnaît par les mots mis en apostrophe (mots servant à interpeller une personne pour obtenir son attention) ou par les marques de la 2e personne : des pronoms personnels (*tu, te, toi, vous*), des pronoms possessifs (*le tien, le vôtre…*), des déterminants possessifs (*ton, ta, tes, votre, vos*) ou des verbes à l'impératif.

Lorsque le destinataire est désigné, demandez-vous ce que les marques de la 2e personne apprennent au lecteur sur la relation que le locuteur entretient avec le destinataire. Le locuteur est-il soumis, en position d'autorité, respectueux, intimidé, en conflit, etc. ? Cherche-t-il à influencer le destinataire, à le faire agir, etc. ?

Exemples	Sens ou effets
« PAYSAN – **Mademoiselle**, je vais au château porter une lettre pour **vous** ; **faut**-il que je **vous** la donne ou que je la remette à la cuisine, comme me l'a dit le seigneur Perdican ? CAMILLE – **Donne-la-moi.** PAYSAN – Si **vous** aimez mieux que je la porte au château, ce n'est pas la peine de m'attarder ? CAMILLE – **Je te dis de me la donner.** PAYSAN – Ce qui **vous** plaira. (*Il lui donne la lettre.*) » Alfred de MUSSET, *On ne badine pas avec l'amour* (1834).	Comme en témoigne l'emploi de l'impératif et du tutoiement, le personnage de Camille est en **position d'autorité** face au paysan (le destinataire), **soumis et respectueux** (apostrophe indiquant le titre de noblesse, vouvoiement, etc.). L'emploi de phrases interrogatives accentue l'attitude respectueuse du paysan.
« LÉOPOLD – Toute **ta** tabarnac de vie à faire la même tabarnac d'affaire en arrière de la même tabarnac de machine ! Toute **ta** vie ! **T'**es spécialisé, **mon p'tit gars** ! **Remercie** le bon Dieu ! **T'**es pas journalier ! » Michel TREMBLAY, *À toi, pour toujours, ta Marie-Lou* (1970).	Dans cet extrait, le personnage de Léopold se parle à lui-même comme si c'était quelqu'un d'autre qui s'adressait à lui (emploi de la deuxième personne), en l'appelant « mon p'tit gars » (apostrophe). Cette **aliénation** causée par le travail machinal et répétitif (répétition du mot *tabarnac*) est dénoncée par son discours ironique (tonalité polémique).
« **Déguédine Dan** comme Zinédine Zidane » LOCO LOCASS, « Groove grave », *Amour oral* (2004).	Le verbe à l'impératif (*déguédine*, québécisme qui signifie « active-toi ») montre l'intention du locuteur d'amener son interlocuteur à cesser d'être passif. Le message est adressé à un destinataire fictif, « Dan », mais, en réalité, l'**injonction d'agir** s'adresse au lecteur, à l'auditeur.

Les marques du lieu et du temps

Définitions

Le lieu correspond à l'endroit où le locuteur se trouve au moment où il émet l'énoncé.

Le temps correspond au moment où l'énoncé est émis.

Stratégie de repérage ou d'analyse

On peut parfois identifier le lieu et le temps de l'énonciation en cherchant des indices qui révèlent l'endroit où se trouve le locuteur et le moment où il émet son énoncé. Il s'agit souvent d'adverbes, de groupes prépositionnels ou de groupes nominaux (*ici*, *là-bas*, *à côté*, *maintenant*, *hier*, *la semaine prochaine*, etc.). Cependant, il est fréquent que le lieu et le temps ne soient pas précisés dans l'énoncé.

> Attention! Si le locuteur emploie le mot *là-bas*, ce n'est pas parce qu'il se trouve là-bas au moment où il parle. Le mot *là-bas* désigne plutôt un endroit qui se trouve loin de lui. En cherchant à savoir quel est le lieu désigné par *là-bas*, on en apprend sur le lieu où le locuteur se trouve au moment où il parle. La même logique s'applique pour les marques du temps.

Demandez-vous si le lieu et le temps de l'énonciation sont nécessaires à la compréhension de l'énoncé. Dans l'affirmative, demandez-vous dans quelle mesure ils permettent de mieux le comprendre.

Exemples	Sens ou effets
«HERMIONE – S'il [Pyrrhus] ne meurt **aujourd'hui**, je puis l'aimer **demain**.» Jean RACINE, *Andromaque* (1668).	Les marques de temps *aujourd'hui* et *demain* permettent de comprendre que, au moment où Hermione parle, elle sent l'**urgence** de faire disparaître Pyrrhus afin d'éviter que son amour pour lui ne se manifeste. L'imminence de cette manifestation est amplifiée par le <u>verbe</u> modalisateur *pouvoir*.
«Jamais je n'ai eu tant de plaisir en vous écrivant; jamais je n'ai ressenti, dans cette occupation, une émotion si douce et cependant si vive. Tout semble augmenter mes transports: l'air que je respire est brûlant de volupté; **la table même sur laquelle je vous écris**[1], consacrée pour la première fois à cet usage, devient pour moi **l'autel sacré de l'amour**[2] [...].» Choderlos de LACLOS, *Les Liaisons dangereuses* (1782). Note: Il s'agit d'une lettre du Vicomte de Valmont à Madame de Tourvel, qu'il tente de séduire.	Sans connaissance du lieu de l'énonciation, on ne peut apprécier cet extrait à sa juste valeur. En effet, l'**hypocrisie et la cruauté** du personnage de Valmont y sont remarquables: au moment même où il rédige une lettre sulfureuse à Madame de Tourvel dans le but de la séduire, le corps nu de sa maîtresse lui sert de table. La volupté dont il parle n'est donc pas inspirée par la destinataire de la lettre, comme on pourrait le croire au premier abord, mais par sa maîtresse.

---

1. Il écrit sur le dos de sa maîtresse.

2. Il vient de faire l'amour avec sa maîtresse.

Les marques de modalisation

Définition

La modalisation est l'attitude, le point de vue du locuteur par rapport à son propos. Il peut rester neutre, s'exprimer avec une certaine émotion ou porter un jugement sur ce qu'il énonce.

Stratégie de repérage ou d'analyse

Les marques de modalisation sont variées. Il peut s'agir d'interjections (*Hélas!*, *Youpi!...*), de noms, d'adjectifs ou de verbes à valeur méliorative ou péjorative (*nuisance, bénédiction...*; *triste, méchant, faux...*; *désespérer, se réjouir...*), d'adverbes d'intensité, de manière ou de comparaison (*probablement, malheureusement...*; *tel, plus, moins...*), du temps conditionnel exprimant le doute (*elle serait enceinte...*) ou de toute autre forme de commentaire.

Demandez-vous ce que les marques de modalisation apprennent au lecteur sur la perception qu'a le locuteur du sujet dont il parle.

Exemples	Sens ou effets
« Et c'est **merveille** que dure **aussi longtemps** une bataille **à ce point féroce**. Tous deux [les chevaliers] sont d'un **tel** courage qu'aucun ne céderait, à aucun prix, un pied du terrain, sinon pour donner la mort. Et ils agissaient en **vrais preux**: à aucun moment, ils ne blessent ou n'estropient leurs chevaux. [...] Pas une fois, ils ne mettent pied à terre. La bataille ne s'avère que **plus belle**. » Chrétien de TROYES, *Yvain ou Le Chevalier au lion* (1175).	Par les adjectifs mélioratifs (*merveille, féroce, vrais preux, belle*) et par les adverbes d'intensité (*tel, aussi, à ce point, plus*), le locuteur montre son **admiration** pour Yvain et son adversaire, dont il fait voir les prouesses guerrières.
« [...] **deux ou trois** marchands de Normandie, sur la **légère** espérance d'un **petit** commerce de pelleterie, équipèrent **quelques** vaisseaux, et établirent une colonie dans le Canada, pays couvert de neiges et de glaces huit mois de l'année, habité par des barbares, des ours, et des castors. » VOLTAIRE, *Essai sur les mœurs* (1753).	Les nombreux termes qui viennent diminuer les réalités exprimées par le locuteur (il n'y a que « deux ou trois » marchands, l'espérance est « légère », le commerce est « petit », seuls « quelques » vaisseaux ont été équipés) font ressortir la petitesse du Canada aux yeux du locuteur. Ils témoignent de son **mépris** pour ce pays. La <u>connotation</u> péjorative du mot *barbares* accentue cette perception négative.
« Depuis six mille ans, la **guerre** Plaît aux peuples **querelleurs**, Et Dieu perd son temps à faire Les **étoiles** et les **fleurs**. » Victor HUGO, « Depuis six mille ans, la guerre... », *Chansons des rues et des bois* (1865).	En associant à l'humanité des éléments de destruction (champ lexical de la discorde : *guerre* et *querelleurs*) et à Dieu des éléments liés à la nature (*étoiles* et *fleurs*), le locuteur exprime sa **préférence** pour l'œuvre de Dieu et sa **désapprobation** de l'attitude guerrière et arrogante des hommes. Cette désapprobation est également perceptible dans l'<u>antiphrase</u> *Dieu perd son temps*.

Le discours rapporté

Définition

On entend par discours rapporté une parole d'autrui ou un monologue intérieur inséré dans un énoncé.

Stratégie de repérage ou d'analyse

◆ Le locuteur peut rapporter des paroles dans son énoncé en les citant directement. C'est le **discours direct**, que l'on repère généralement par la présence d'un mot introducteur (*dire, rétorquer, s'écrier, murmurer...*) et de guillemets.

◆ Le locuteur peut aussi ne rapporter que le contenu du propos, sans citer les paroles exactes. C'est le **discours indirect**, que l'on reconnaît par la présence d'un mot introducteur et, généralement, d'un subordonnant (*que, si, quand...*).

◆ Enfin, le locuteur peut reproduire les paroles entendues sans les citer de manière directe (absence de mot introducteur et de guillemets). C'est le **discours indirect libre**, le plus difficile à délimiter parce que le passage d'un locuteur à l'autre ne se manifeste que par des marques subtiles, comme le changement de variété de langue.

En discours direct et en discours indirect libre, les paroles rapportées fournissent des renseignements sur la personne qui est citée. Demandez-vous ce que ces paroles apprennent au lecteur sur le rang social et le tempérament de cette personne, sur la relation qu'elle entretient avec les autres, etc. Demandez-vous quels indices les mots introducteurs fournissent sur la perception du locuteur relativement au discours qu'il rapporte. En discours indirect, seuls les mots introducteurs renseignent le lecteur. Interrogez-vous sur le sens de ces mots.

Exemples	Sens ou effets
«Le paon se plaignait à Junon : "**Déesse**, disait-il, **ce n'est pas sans raison Que je me plains** [...]. " Junon **répondit en colère** : "**Oiseau jaloux, et qui devrais te taire Est-ce à toi d'envier la voix du rossignol** [...]?"» Jean de LA FONTAINE, «Le Paon se plaignant à Junon», *Fables* (1668-1693).	Les paroles du paon et de Junon sont rapportées de manière directe. Le lecteur est renseigné sur le **ton adopté** par Junon (elle est «en colère») et sur la **relation entre les personnages**. Le paon, en position d'infériorité, interpelle Junon avec respect («Déesse») alors que cette dernière s'adresse à lui de manière tranchante («Oiseau jaloux») et impérieuse («[tu] devrais te taire»).
«Elle pleurait, elle disait non, elle disait oui, elle ne savait pas. **Ah! Seigneur! que cela est bon et triste de manger, quand on crève!**» Émile ZOLA, *L'Assommoir* (1877).	On remarque le discours indirect libre par un changement de <u>variété de langue</u> (l'<u>exclamation</u> *Seigneur!*, le <u>verbe</u> familier *crever*). Ici, c'est nettement le personnage affamé qui lance cette remarque, qui pousse ce **cri du cœur**.

2 Procédés
lexicaux

Introduction

Les procédés lexicaux sont les procédés qui relèvent du choix des mots. À première vue, l'emploi d'un mot plutôt que d'un autre peut sembler arbitraire mais, dans un texte littéraire, il n'en est rien : le choix du lexique est très révélateur et contribue à l'expressivité du texte. Devant l'infinité de termes possibles, un écrivain doit choisir ceux qui expriment le mieux les nuances de sens et les effets recherchés. Plusieurs pistes permettent de saisir la portée du choix des mots. Se rapportent-ils à un même thème et forment-ils un réseau de sens (champ lexical) ? Leur sens propre ou figuré est-il particulièrement révélateur ? Les mots dévoilent-ils l'appartenance sociale du locuteur (variété de langue) ? Trahissent-ils son attitude envers une situation ou un personnage (vocabulaire mélioratif et péjoratif) ? Quand elle est reprise, une même idée est-elle toujours exprimée avec les mêmes mots ? Quelle nuance de sens la variété des reprises apporte-t-elle ? Les mots choisis créent-ils des combinaisons fantaisistes ou étonnantes (jeux lexicaux) ?

Le lexique peut être analysé sous différents angles. Un même mot peut à la fois appartenir à un champ lexical donné, être pertinent en raison de son sens figuré et de sa valeur (méliorative ou péjorative), laisser entrevoir la classe sociale du locuteur, etc. Ainsi, les catégories présentes dans cette section ne s'excluent pas les unes les autres : elles permettent d'analyser les mots de différentes façons.

Exemple

« SCAPIN – Bon. Imaginez-vous que je suis votre père qui arrive, et répondez-moi fermement, comme si c'était à lui-même. Comment, pendard, vaurien, infâme, fils indigne d'un père comme moi, oses-tu bien paraître devant mes yeux, après tes bons déportements, après le lâche tour que tu m'as joué pendant mon absence ? Est-ce là le fruit de mes soins, maraud ? est-ce là le fruit de mes soins ? le respect qui m'est dû ? le respect que tu me conserves ? Allons donc. Tu as l'insolence, fripon, de t'engager sans le consentement de ton père, de contracter un mariage clandestin ? Réponds-moi, coquin, réponds-moi. Voyons un peu tes belles raisons. Oh ! que diable ! vous demeurez interdit !

OCTAVE – C'est que je m'imagine que c'est mon père que j'entends. »
MOLIÈRE, *Les Fourberies de Scapin* (1671).

▉ Champ lexical	▉ Vocabulaire péjoratif	▉ Sens figuré
Le champ lexical de la criminalité (*pendard, vaurien, maraud, fripon, coquin*) révèle le ton méprisant et hautain que prend Scapin envers Octave lorsqu'il joue le rôle du père de celui-ci.	Le vocabulaire péjoratif exprime la fureur du père envers son fils.	Au sens figuré, le mot *fruit* signifie « bénéfice ». Par l'expression *le fruit de mes soins*, le locuteur met en évidence les efforts du père et l'ingratitude du fils.

Le sens propre ou la dénotation

Définition

Le sens propre (ou la dénotation) désigne le sens premier d'un mot, son sens littéral.

Stratégie de repérage ou d'analyse

Pour connaître le sens propre d'un terme, l'emploi du dictionnaire suffit. Attention aux termes qui peuvent avoir plus d'un sens! Pour éviter les erreurs, il faut observer le contexte dans lequel le terme est employé.

Étant donné qu'il est impossible de chercher tous les mots dans le dictionnaire, demandez-vous quels sont ceux qui apportent une nuance importante à l'idée formulée par le locuteur et cherchez à comprendre cette nuance. Par exemple, pour affirmer qu'il est *surpris* (terme neutre), un locuteur peut dire qu'il est *estomaqué* (frappé comme s'il avait été atteint au ventre), *médusé* (tellement surpris qu'il reste pétrifié, comme s'il avait été transformé en pierre par le regard de la Méduse) ou *stupéfait* (paralysé). Chaque terme apporte une nuance à l'idée énoncée. Ce sont ces distinctions qu'il faut chercher à mettre en lumière en se penchant sur le sens propre des mots.

Exemples	Sens ou effets
«PHÈDRE – La veuve de Thésée **ose** aimer Hippolyte!» Jean RACINE, *Phèdre* (1677).	Le verbe *oser* signifie avoir l'audace de faire quelque chose. Dans cette phrase, il fait ressortir le fait que l'amour que ressent Phèdre envers Hippolyte, le fils de son défunt mari, est un amour coupable. La périphrase *veuve de Thésée* contribue également à mettre en lumière le **caractère condamnable** de cet amour.
«Le corbeau, honteux et confus, **Jura**, mais un peu tard, qu'on ne l'y prendrait plus.» Jean de LA FONTAINE, «Le Corbeau et le renard», *Fables* (1668-1693).	Le verbe *jurer*, qui illustre une décision prise avec solennité, a une portée plus forte que le simple fait d'affirmer quelque chose. Il témoigne donc du **sérieux de l'engagement** que se fait le corbeau à lui-même. Le fait que le verbe soit placé en tête de vers (rejet) contribue d'ailleurs à donner de l'importance à cette décision du corbeau.
«Vous *aimiez* la guerre – et vous vous battiez pour le plaisir? C'est une supposition que je ne me permettrai même pas de faire [...].» Boris VIAN, *Lettre ouverte à M. Paul Faber* (1955).	L'emploi du verbe *aimer* au sens propre prend toute sa force du fait qu'il est accolé à une réalité aussi critiquée que la guerre. Cela permet au locuteur de montrer le **caractère odieux de son destinataire**. Même si la phrase prend la forme d'une question (phrase interrogative), il s'agit en fait d'une accusation voilée.

Le sens figuré et la connotation

Définitions

Le sens figuré est le sens imagé d'un mot.

La connotation est le sens second d'un mot, c'est-à-dire le sens ajouté au mot. Ce sens est subjectif.

Stratégie de repérage ou d'analyse

Pour saisir le sens figuré d'un mot, tout comme pour saisir sa connotation, il importe d'examiner le contexte dans lequel il est employé. Par exemple, si un locuteur désigne un personnage comme étant un «monstre», cela ne signifie pas nécessairement qu'il s'agit d'une hideuse créature! Le mot *monstre* peut être employé au sens figuré pour mettre en valeur une facette psychologique du personnage (cruauté, égoïsme, jalousie, etc.). Jugez si, selon le contexte, ce personnage est une hideuse créature (sens propre) ou plutôt un être cruel, égoïste ou jaloux (sens figuré). De même, s'il emploie le mot *neige*, un locuteur peut vouloir désigner une réalité agréable (s'il aime l'hiver) ou une réalité désagréable (s'il déteste cette saison). Pour saisir la connotation d'un mot, demandez-vous ce que ce mot semble représenter pour le locuteur.

Exemples	Sens ou effets
«Soudain, le rayon de l'Étoile-du-matin [...] illuminait, à l'improviste [...] les **eaux noires** et les **cygnes aux yeux pleins de rêve**.» Auguste de VILLIERS DE L'ISLE-ADAM, «Le tueur de cygnes», *Tribulat Bonhommet* (1886).	La connotation de *noires* dans *eaux noires* s'oppose à celle de *rêve* dans *cygnes aux yeux pleins de rêve*. Alors que le premier élément laisse entrevoir le **désespoir**, le second est **porteur d'espoir et d'idéal**.
«Il voulait avant de mourir **Se réchauffer** dans mon sourire.» BARBARA, «Nantes» (1964).	Le sens figuré du verbe *se réchauffer* exprime le **sentiment de réconfort** que ressent le personnage mourant devant le sourire de la locutrice.
«[...] le médecin me défend toute espèce d'alcool [...]. Sinon, c'est l'**excommunication médicale**.» Yves BEAUCHEMIN, *Le Matou* (1981).	Au sens propre, l'excommunication est une peine ecclésiastique par laquelle une personne est exclue de l'Église catholique. En employant l'expression figurée *excommunication médicale*, le personnage affirme, avec humour, que son médecin n'acceptera plus de le soigner s'il boit de l'alcool. L'usage du <u>verbe</u> d'interdiction *défend* illustre d'ailleurs la **fermeté du médecin**.

Le champ lexical

Définition

Un champ lexical est un ensemble de mots qui se rapportent à un même concept. Plus le champ lexical comporte d'éléments, plus il représente un thème dominant du texte ou une symbolique importante.

Stratégie de repérage ou d'analyse

Les mots qui forment un champ lexical peuvent être des synonymes, des mots de même famille ou ayant un rapport de sens étroit.

Pour comprendre la portée d'un champ lexical, demandez-vous ce qu'il apporte au propos du texte, comment il se combine aux autres champs lexicaux, quel est son degré d'importance dans le texte, etc.

Exemples	Sens ou effets
«Madame [...] vous ignorez l'étendue des dangers qui vous menacent. Je ne vous parlerai pas de l'incontestable **authenticité** des **pièces**, ni de la certitude des **preuves** qui attestent l'existence du comte Chabert. Je ne suis pas homme à me charger d'une mauvaise **cause**, vous le savez. Si vous vous proposez à notre **inscription** en faux contre l'**acte** de décès, vous perdrez ce premier **procès**, et cette **question** résolue en notre faveur nous fait gagner toutes les autres.» Honoré de BALZAC, *Le Colonel Chabert* (1832).	Le champ lexical composé de termes associés au langage des avocats met en lumière, de façon réaliste, la profession du personnage qui parle. L'emploi de tels termes contribue à donner à l'avocat plus de **crédibilité** aux yeux de sa destinataire, qu'il tente de convaincre.
«Ce n'est donc pas, comme dans mes autres aventures, une simple **capitulation** plus ou moins avantageuse, et dont il est plus facile de profiter que de s'enorgueillir; c'est une **victoire** complète, achetée par une **campagne** pénible, et décidée par de savantes **manœuvres**. Il n'est donc pas surprenant que ce succès, dû à moi seul, m'en devienne plus précieux; et le surcroît de plaisir que j'ai éprouvé dans mon **triomphe**, et que je ressens encore, n'est que la douce impression du sentiment de la **gloire**.» Choderlos de LACLOS, *Les Liaisons dangereuses* (1782).	Le champ lexical militaire, employé ici pour décrire une conquête amoureuse, montre que le locuteur **perçoit la séduction comme un véritable combat**, qu'il faut savoir dominer jusqu'à la chute de l'opposant. D'ailleurs, le sentiment ressenti par l'amant vainqueur est un sentiment de «gloire» et non de bonheur. Ce champ lexical met le lecteur sur la piste d'une <u>métaphore</u> filée.
«Plongé dans les **malheurs** Loin de mes chers parents, Je passe dans les **pleurs** D'**infortunés** moments.» Antoine GÉRIN-LAJOIE, *Un Canadien errant* (1839).	Le champ lexical de la tristesse, formé de mots ayant une forte valeur affective, met en lumière la **tonalité lyrique** du poème.

Le vocabulaire mélioratif ou péjoratif

Définitions

Le vocabulaire mélioratif exprime une perception positive du locuteur pour le sujet dont il parle, alors que le vocabulaire péjoratif traduit une perception négative.

Stratégie de repérage ou d'analyse

Pour déterminer la valeur méliorative ou péjorative d'un mot, on examine si le locuteur emploie des adjectifs, des noms ou des verbes qui représentent des réalités agréables ou désagréables. Dans certains cas, des suffixes (*-aille, -ailleur, -asse, -âtre, -ard, -aud*) peuvent marquer la valeur péjorative d'un mot. De plus, l'emploi de mots de langue populaire (par exemple *baraque* ou *cabane* pour parler d'une habitation) prend parfois une valeur péjorative.

Pour saisir la valeur du vocabulaire, demandez-vous si les mots employés sont neutres, s'ils ne font que désigner un objet ou une personne ou s'ils expriment une perception positive ou négative des réalités qu'ils désignent.

Exemples	Sens ou effets
«Qui pourrait d'elle se lasser? Toujours sa **beauté** renouvelle. Dieu, qu'il fait **bon** regarder La **gracieuse, bonne et belle**!» Charles d'ORLÉANS, «La Gracieuse», *Poésies*, XVe siècle.	Par l'emploi de termes mélioratifs, le locuteur fait l'**éloge** de celle qu'il appelle «la gracieuse». Il joue d'ailleurs sur l'utilisation de mots de même famille (*beauté, belle, bon, bonne*).
«Il **cria** avec une voix **rauque et furieuse** qui ressemblait plutôt à un **aboiement** qu'à un cri humain et qui couvrit le bruit des huées: – À boire!» Victor HUGO, *Notre-Dame de Paris* (1831).	Le choix de termes péjoratifs (le verbe *crier*, les adjectifs *rauque* et *furieuse* et le nom *aboiement*) que le locuteur attribue à la voix de Quasimodo met en évidence la **perception négative** qu'il a du personnage, qui est, selon lui, un être sauvage, presque bestial, à la fois puissant et monstrueux.
«Je suis une fille maigre Et j'ai de **beaux** os. J'ai pour eux des **soins attentifs** Et d'étranges pitiés Je les **polis sans cesse** Comme de vieux métaux.» Anne HÉBERT, «La fille maigre», *Poèmes* (1953).	En associant des termes mélioratifs (*beaux, soins attentifs, polis sans cesse*) à ses os, la locutrice montre qu'elle perçoit sa maigreur de manière très positive, ce qui crée un **effet macabre et troublant**.

La variété de langue

Définition

La variété de langue (aussi appelée niveau ou registre de langue) correspond à la manière de s'exprimer caractéristique d'une classe sociale donnée ou d'une situation de communication particulière.

Stratégie de repérage ou d'analyse

On classe généralement les variétés de langue en quatre catégories :

- **La langue soutenue**, marquée par un style recherché, propre aux communications écrites, qui est caractérisé par l'emploi de termes justes (souvent rares ou recherchés), par une syntaxe riche et des images élégantes ;

- **La langue courante**, marquée par un style correct mais non recherché, qui est propre à une situation de communication entre des interlocuteurs qui ne se connaissent pas intimement et qui est caractérisé par un vocabulaire usuel, une syntaxe correcte et le vouvoiement ;

- **La langue familière**, marquée par un style détendu, propre à une situation de communication entre des interlocuteurs qui se connaissent bien et qui est caractérisé par des expressions familières, une syntaxe orale, des périphrases et le tutoiement ;

- **La langue populaire**, marquée par un style oral, se démarquant souvent des normes linguistiques et caractérisé par des régionalismes, des anglicismes, des archaïsmes, des apocopes (élimination d'un son ou d'une syllabe à la fin d'un mot), des déformations de mots, des phrases courtes ou incomplètes, des erreurs syntaxiques et grammaticales.

Comme la variété de langue d'un locuteur peut changer d'une situation de communication à une autre, demandez-vous ce que cette variété vous apprend sur le locuteur lui-même ou sur la relation qu'il entretient avec le destinataire. Est-ce une relation de familiarité, d'intimité, de respect, de courtoisie, etc. ? Dans quelle situation chaque personnage emploie-t-il une variété de langue donnée ?

Exemples	Sens ou effets
« MAROTTE – Voilà un laquais qui demande si vous êtes au logis, et dit que son maître vous veut venir voir. MAGDELON – Apprenez, sotte, à vous énoncer moins vulgairement. Dites : "**Voilà un nécessaire qui demande si vous êtes en commodité d'être visibles.**" » MOLIÈRE, *Les Précieuses ridicules* (1659).	Cette formulation faussement soutenue, marquée par l'emploi de <u>périphrases</u> et de <u>métaphores</u> inutilement compliquées, montre le désir du personnage noble (Magdelon) de se distinguer de sa domestique (Marotte). Or cette formulation pompeuse ne fait qu'illustrer le **ridicule de sa démarche** et crée une <u>tonalité comique</u>.
« CUIRETTE – Le chauffeur de taxi a dû avoir tellement peur de **toé** qu'y doit avoir **pesé su'l'gaz au coton** ! **Y**'a dû te **dropper icitte** comme un paquet qui s'est trompé de pays ! » Michel TREMBLAY, *Hosanna* (1973).	Cette langue populaire (marquée par l'anglicisme *dropper*, la syntaxe orale *Y'a* et le régionalisme *au coton*) illustre avec **réalisme** un langage québécois de locuteurs peu scolarisés. Elle révèle une certaine **familiarité** entre le locuteur et son destinataire.

Les jeux lexicaux

Définition

Les jeux lexicaux sont les moyens fantaisistes qu'emploie un locuteur pour donner aux mots une forme et une signification inhabituelles, surprenantes ou nouvelles. Pour ce faire, le locuteur peut inventer des mots (néologismes), modifier une formule connue, déformer des termes déjà existants (orthographe fantaisiste) ou jouer sur la polysémie des mots (jeux de mots). Les formules sont multiples.

Stratégie de repérage ou d'analyse

Pour repérer les jeux lexicaux, tentez de relever les termes nouveaux que vous ne trouvez pas dans le dictionnaire et les expressions amusantes, inhabituelles ou qui se prêtent à une double interprétation.

Demandez-vous quel effet a voulu créer l'auteur en jouant sur les mots : voulait-il simplement faire rire ? s'interroger sur le langage ? critiquer un aspect de la société ? donner plusieurs niveaux de sens à son énoncé ?, etc.

Exemples	Sens ou effets
« Oubliez le **Québécanthrope** ce garçon qui ne ressemble à personne. » Gaston MIRON, « Le Québécanthrope », *L'Homme rapaillé* (1970).	Pour créer ce néologisme, le locuteur a ajouté le suffixe *-anthrope* au nom *Québec*. Il qualifie ainsi un **Québécois qui appartient à une époque révolue**, tel que le pithécanthrope (un primate qu'on a présumé être un ancêtre de l'être humain).
« [...] elle se maria et **eut de nombreux amants.** » Louis GAUTHIER, *Anna* (1967).	Dans les contes, on trouve souvent la conclusion : « Ils se marièrent, vécurent heureux et eurent beaucoup d'enfants. » Le locuteur modifie cette expression et la transpose dans une histoire d'amour adultère, où le personnage, après s'être marié, a de « nombreux amants » plutôt que de nombreux enfants. Le pervertissement de la formule convenue crée une **tonalité comique**.
« Calmez-vous, chers indigents, on n'est pas là pour vous faire perdre le nord... On est là passqu'on veut votre **bien**... [...] laissez-nous faire, et vous allez connaître les joies de la **servilisation**... » Marc FAVREAU (Sol), *Faut d'la fuite dans les idées !* (1993). Note : Selon le personnage Sol, c'est de cette façon que les premiers Français qui ont mis le pied en Amérique du Nord se sont adressés aux autochtones.	Le personnage joue avec les sens du mot *bien*, qui peut représenter le bien-être des autochtones, mais également leur patrimoine. Ainsi, il met en lumière **l'ambiguïté présumée de la position des premiers colons** face aux Amérindiens. De plus, en réunissant les termes *servage* et *civilisation* (mot-valise), le personnage **critique** les Français, qui, selon lui, feront des Amérindiens des esclaves, tout en affirmant leur apporter les avantages du monde civilisé (tonalité polémique).

3 Procédés
syntaxiques et grammaticaux

▷ **Introduction**

▷ **Les types de phrase**
La phrase interrogative, la phrase exclamative, la phrase impérative

▷ **Les formes de phrase**
La phrase négative, la phrase passive, la phrase emphatique, la phrase impersonnelle

▷ **Le mouvement dans la phrase**
L'ajout de compléments du nom, l'ajout de compléments de phrase, la suspension, l'ellipse

▷ **Les temps verbaux**

▷ **Les classes de mots**
Les déterminants, les noms, les pronoms, les adjectifs, les verbes, les adverbes, les prépositions, les conjonctions

Introduction

Les procédés syntaxiques et grammaticaux sont les procédés qui relèvent de la construction de la phrase, c'est-à-dire de ses types (déclaratif, interrogatif, exclamatif et impératif) et de ses formes (positive ou négative; active ou passive; neutre ou emphatique; personnelle ou impersonnelle), du mouvement dans la phrase (ajout ou omission de groupes de mots), des temps verbaux et des classes de mots. Étant donné que la mission du présent ouvrage est de mettre en lumière les procédés qui produisent un sens ou un effet chez le lecteur, nous avons mis de côté les aspects de la syntaxe et de la grammaire qui ont une valeur plutôt neutre, telles les phrases de type déclaratif, de forme positive, active, neutre ou personnelle.

Exemple

«SCAPIN – Bon. Imaginez-vous que je suis votre père qui arrive, et répondez-moi fermement, comme si c'était à lui-même. Comment, pendard, vaurien, infâme, fils indigne d'un père comme moi, oses-tu bien paraître devant mes yeux, après tes bons déportements, après le lâche tour que tu m'as joué pendant mon absence? Est-ce là le fruit de mes soins, maraud? est-ce là le fruit de mes soins? le respect qui m'est dû? le respect que tu me conserves? Allons donc. Tu as l'insolence, fripon, de t'engager sans le consentement de ton père, de contracter un mariage clandestin? Réponds-moi, coquin, réponds-moi. Voyons un peu tes belles raisons. Oh! que diable! vous demeurez interdit!

OCTAVE – C'est que je m'imagine que c'est mon père que j'entends.»
MOLIÈRE, *Les Fourberies de Scapin* (1671).

▨ Indicatif présent
L'emploi de l'indicatif présent (*suis, arrive*) permet à Scapin de simuler une situation au moment où il parle.

▢ Phrase interrogative
Les phrases interrogatives témoignent de l'indignation du personnage.

▨ Complément du nom
Les compléments du nom (subordonnées relatives) font ressortir l'écart entre les attentes du père (qui demande le respect) et le comportement du fils (qui lui manque de respect).

▨ Phrase impérative
La phrase impérative répétée témoigne du ton autoritaire du père d'Octave.

Les types de phrase : la phrase interrogative

Définition

La phrase interrogative est normalement utilisée pour poser une question à un interlocuteur ou à soi-même. Cependant, dans certaines situations, la phrase interrogative exprime une affirmation (question rhétorique), une demande ou un ordre.

Stratégie de repérage ou d'analyse

La phrase interrogative se reconnaît souvent par sa structure (inversion du sujet, présence d'un mot interrogatif, etc.) mais aussi, à l'écrit, par le point d'interrogation généralement placé à la fin.

Pour bien comprendre une phrase interrogative, demandez-vous si, dans le contexte où elle est employée, elle témoigne d'une simple curiosité du locuteur, si elle illustre la volonté d'avoir de l'information, d'exprimer un doute, de demander une faveur ou de donner un ordre.

Exemples	Sens ou effets
« CLYTEMNESTRE – **Pourquoi feindre à nos yeux une fausse tristesse ?** **Pensez-vous par des pleurs prouver votre tendresse ?** » Jean RACINE, *Iphigénie* (1674).	Les deux questions posées par Clytemnestre constituent en fait des affirmations fortes (questions rhétoriques). L'héroïne reproche à Agamemnon de faire semblant d'être triste et de tenter de prouver sa tendresse par des pleurs. Présenté sous forme de question, le **reproche** atteint le destinataire de manière plus blessante. L'emploi de <u>termes péjoratifs</u> tels que *feindre* et *fausse* appuie cette idée.
« FIGARO – **Qu'avez-vous fait pour tant de biens !** vous vous êtes donné la peine de naître, et rien de plus. » BEAUMARCHAIS, *Le Mariage de Figaro* (1784).	Le personnage de Figaro s'interroge sur les actions du comte. Le fait que cette interrogation se termine par un point d'exclamation montre l'**indignation** de Figaro. Ainsi la question adressée au comte prend la valeur d'un **reproche**. Cet effet est accentué par l'<u>adverbe</u> d'intensité *tant*.
« **Une robe noire ou une robe blanche ?** **Des grands souliers ou des petits ?** » Paul ÉLUARD, « Définitions », *Donner à voir* (1939).	Ces deux questions que le locuteur se pose marquent une **hésitation**. Le locuteur semble chercher ce qui sera le plus approprié ou ce qui plaira davantage. Cet effet est amplifié par l'emploi de la <u>conjonction</u> de coordination *ou*.

Les types de phrase : la phrase exclamative

Définition

La phrase exclamative sert à exprimer un énoncé de manière « émotive ».

Stratégie de repérage ou d'analyse

La phrase exclamative se reconnaît par la présence d'un mot exclamatif (*comme*, *que*, etc.) mais aussi, à l'écrit, par le point d'exclamation généralement placé à la fin.

Pour comprendre le sens de la phrase exclamative, demandez-vous quelles émotions sont exprimées par le locuteur : la tristesse, la joie, le désespoir, le découragement, la surprise, l'envie, l'angoisse, la pitié, le plaisir, l'admiration, etc. Demandez-vous également ce que la phrase exclamative apporte de plus à l'énoncé.

Exemples	Sens ou effets
« Les bons vergers à l'herbe bleue ˙ Aux pommiers tors[1] ! **Comme on les sent toute une lieue** **Leurs parfums forts !** » Arthur RIMBAUD, « Les reparties de Nina », *Cahier de Douai* (1870).	Par la phrase exclamative, le locuteur **fait ressortir la forte impression** que l'odeur capiteuse des pommiers lui a laissée, ce qui donne une plus grande force d'évocation au poème. Le <u>rejet</u> du groupe nominal *leurs parfums forts* contribue également à mettre cette odeur en évidence.
« – **Quelle fille smatte**, pensait Séraphin qui ne la quittait pas des yeux. Et viande à chiens ! **Quelles fesses itou, quelles fesses !** Il ne s'ennuiera pas avec ça, le petit Omer Lefont. **Une vraie belle fille !** » Claude-Henri GRIGNON, *Un homme et son péché* (1933).	Par ces phrases exclamatives, Séraphin **exprime avec force son admiration** pour les attributs de la fille qu'il contemple. Le ton admiratif se justifie également par les <u>adjectifs mélioratifs</u> *smatte* et *vraie belle* ainsi que par la <u>répétition</u> de *quelles fesses*.
« J'ai le cul dans l'eau froide... Mon habit est crotté... [...] **Que chus donc écœuré !** » Claude LÉVEILLÉE, « Le petit soldat de chair », *L'Étoile d'Amérique* (1970).	Par la phrase exclamative *Que chus donc écœuré !*, le locuteur **amplifie le sentiment de dégoût** qui l'anime. Ce dégoût est également perceptible par les <u>termes péjoratifs</u> appartenant à une langue familière (*cul*, *crotté*, *écœuré*).

---

1. *Tors* : tordus.

Les types de phrase : la phrase impérative

Définition

La phrase impérative est normalement utilisée pour inciter un interlocuteur à faire quelque chose. En employant la phrase impérative, le locuteur s'attend donc à ce que le destinataire adopte le comportement demandé.

Stratégie de repérage ou d'analyse

La phrase impérative se caractérise par l'absence du sujet et par la présence d'un verbe au mode impératif.

Pour comprendre le sens de la phrase impérative, demandez-vous si le locuteur donne un ordre ou un conseil au destinataire, s'il formule une demande, une prière, une invitation ou une interdiction.

Exemples	Sens ou effets
« M. JOURDAIN – **Apprenez-moi l'orthographe** [...] Après, vous m'apprendrez l'almanach. » MOLIÈRE, *Le Bourgeois gentilhomme* (1670).	La phrase impérative illustre le **ton autoritaire** de M. Jourdain envers son professeur, alors que, en principe, c'est le professeur qui devrait se montrer autoritaire envers son élève. Cette idée est également marquée par l'emploi du futur de l'indicatif (<u>temps verbal</u>) ainsi que par l'<u>adverbe</u> *après*.
« Ô temps, **suspends ton vol !** Et vous, heures propices, **suspendez votre cours !** » Alphonse de LAMARTINE, « Le lac », *Méditations poétiques* (1820).	Par les deux phrases impératives, le locuteur **implore** le temps et les heures de s'arrêter afin de lui permettre de prolonger ses moments de bonheur. Cette idée est appuyée par les marques du <u>destinataire</u> (les apostrophes *ô temps* et *heures propices*) ainsi que par la ponctuation expressive (points d'exclamation).
« **Enfermons-nous mélancoliques Dans le frisson tiède des chambres, Où les pots de fleurs des septembres Parfument comme des reliques.** » Émile NELLIGAN, « Rêves enclos », *Œuvre* (1903).	Par l'emploi de la phrase impérative, le locuteur **invite** l'être aimé à un moment d'intimité avec lui. Cette notion d'intimité est amplifiée par le <u>sens figuré</u> du verbe *enfermer* ainsi que par l'emploi du <u>pronom</u> de la première personne du pluriel *nous*.

Les formes de phrase : la phrase négative

Définition

Qu'elle soit de type déclaratif, interrogatif, exclamatif ou impératif, une phrase peut être exprimée à la forme positive ou négative. La négation correspond normalement au fait de nier le contenu d'un énoncé. Cependant, il arrive parfois que la négation serve à contester l'énoncé d'un interlocuteur (négation polémique).

Stratégie de repérage ou d'analyse

La phrase négative se reconnaît par la présence de termes de négation : adverbes (*ne… pas, point, plus, jamais, guère,* etc.), pronoms (*personne, nul, rien,* etc.), déterminants (*aucun, nul,* etc.).

Puisque la négation permet de nier un énoncé, demandez-vous si le locuteur tente de corriger une idée amenée par le destinataire, de prendre position ou de soumettre une vision différente de la réalité. Si, par la négation, le locuteur cherche à contester un interlocuteur, demandez-vous si c'est par esprit de rébellion, pour défendre un principe ou pour provoquer. Finalement, lorsque la négation permet de limiter la portée d'un énoncé, demandez-vous si c'est pour critiquer, se plaindre, dénigrer quelque chose ou quelqu'un, etc.

Exemples	Sens ou effets
« AGAMEMNON – Et qui vous a chargé du soin de ma famille ? Ne pourrai-je, sans vous, disposer de ma fille ? Ne suis-je plus son père ? Êtes-vous son époux ? Et ne peut-elle… ACHILLE – **Non, elle n'est plus à vous.** » Jean RACINE, *Iphigénie* (1674).	En affirmant qu'Iphigénie ne lui appartient plus, Achille s'oppose à Agamemnon. La négation polémique lui permet ainsi de **repousser les arguments** de son interlocuteur.
« Ce **n'**était **pas** pour pêcher la truite Qu'elle s'étendit sur mon radeau » Jean-Pierre FERLAND, « Marie-Claire », *Jean-Pierre Ferland* (1968).	En insistant sur le fait que ce n'était pas dans le but de « pêcher la truite » que la jeune fille s'était étendue (forme négative), le poète ne fait que **suggérer, de manière coquine**, l'intention réelle de sa partenaire. La forme négative a donc ici une grande force évocatrice puisqu'elle laisse le destinataire s'imaginer ce qu'ont vraiment fait le locuteur et la jeune fille.
« C'est **pas** facile d'être amoureux à Montréal. » BEAU DOMMAGE, « Montréal », *Beau dommage* (1974).	En niant le caractère facile de la condition amoureuse, le locuteur affirme qu'il est difficile d'aimer. La négation a ici pour effet de **suggérer une idée en niant son contraire.** C'est précisément ce qu'on peut appeler une <u>litote</u>.

Les formes de phrase : la phrase passive

Définition

Qu'elle soit de type déclaratif, interrogatif, exclamatif ou impératif, une phrase peut être active ou passive. Contrairement à la forme active (*Mon ami a posé des questions*), la forme passive est une construction dans laquelle le sujet de la phrase n'est pas le sujet de l'action (*Des questions ont été posées par mon ami*).

Stratégie de repérage ou d'analyse

La phrase passive se reconnaît par la présence de l'auxiliaire *être* suivi d'un participe passé et par la présence (réelle ou possible) d'un complément du verbe commençant par la préposition *par* ou *de*.

Si le locuteur précise qui est responsable de l'action exprimée, demandez-vous si cela produit un effet sur celui qui la subit. Si le locuteur ne précise pas qui est responsable de l'action exprimée, demandez-vous si c'est parce que le locuteur ne connaît pas le responsable, si c'est parce qu'il préfère ne pas le nommer ou si c'est parce qu'il ne juge pas important de le faire (à condition, bien sûr, que le contexte vous permette de faire des hypothèses plausibles sur ce point).

Exemples	Sens ou effets
«Combien vous aurez pitié de moi ! [...] Vous qui avez épuisé tous les chagrins de la vie, que penserez-vous d'un jeune homme sans force et sans vertu, qui trouve en lui-même son tourment, et ne peut guère se plaindre que des maux qu'il se fait à lui-même ? Hélas, ne le condamnez pas ; **il a été trop puni !**» François-René de CHATEAUBRIAND, *René* (1802).	En se plaçant en position sujet dans cette phrase passive, le locuteur laisse entendre qu'il n'est que la **victime d'une force extérieure**. Il exprime ainsi sa faiblesse et son apathie envers ce qu'il vit.
«Quand **on est atteint par certaines maladies**, tous les ressorts de l'être physique semblent brisés, toutes les énergies anéanties, tous les muscles relâchés [...] Je ne peux plus vouloir ; mais quelqu'un veut pour moi ; et j'obéis.» Guy de MAUPASSANT, *Le Horla* (1887).	La phrase passive montre l'**impuissance** du personnage face au mal qui le ronge. Son incapacité est également illustrée par la négation du <u>verbe</u> modalisateur *pouvoir* (*Je ne peux plus vouloir*) ainsi que par l'emploi du <u>verbe</u> d'action *obéis*, seul geste que le personnage est encore en mesure d'accomplir.

Les formes de phrase : la phrase emphatique

Définition

Qu'elle soit de type déclaratif, interrogatif, exclamatif ou impératif, une phrase peut être neutre ou emphatique. Contrairement à la forme neutre (*J'aime le chocolat*), la phrase emphatique permet généralement d'insister sur un élément ou de le mettre en relief (*C'est le chocolat que j'aime* ou *Moi, j'aime le chocolat*).

Stratégie de repérage ou d'analyse

La phrase emphatique se reconnaît soit par l'encadrement de l'élément à mettre en relief au moyen de *c'est… qui/c'est… que* ou de *ce qui… c'est/ce que… c'est*, soit par le détachement d'un élément, repris ou annoncé par un pronom.

Quand la forme emphatique permet d'insister sur un élément, cherchez les raisons qui auraient pu pousser le locuteur à faire ce choix. De plus, demandez-vous ce que la forme emphatique, contrairement à la forme neutre, apporte de plus à l'énoncé.

Exemples	Sens ou effets
« Mais **j'**ai eu, **moi**, autrefois, à suivre une affaire où vraiment semblait se mêler quelque chose de fantastique. Il a fallu l'abandonner, d'ailleurs, faute de moyens de l'éclaircir. » Guy de MAUPASSANT, *La Main* (1883).	Par la phrase emphatique (reprise du sujet *je* par le pronom personnel *moi*), le locuteur insiste sur le fait qu'**il a lui-même eu à traiter cette affaire** et qu'il ne parle donc pas par ouï-dire, afin de mieux convaincre ses interlocuteurs du caractère vraiment mystérieux de l'histoire qu'il entreprend de leur raconter.
« CYRANO – Sois satisfait des fleurs, des fruits, même des feuilles, Si **c'est** dans **ton jardin à toi que** tu les cueilles ! » Edmond ROSTAND, *Cyrano de Bergerac* (1897).	Par l'emploi de la double forme emphatique (encadrement par *c'est … que* et reprise de l'élément *ton jardin* par l'expression *à toi*), Cyrano **insiste fortement** sur l'importance de se réaliser par soi-même et de se satisfaire de ses réalisations personnelles.

Les formes de phrase : la phrase impersonnelle

Définition

Qu'elle soit de type déclaratif, interrogatif, exclamatif ou impératif, une phrase peut être personnelle ou impersonnelle. Contrairement à la forme personnelle (*Un accident est arrivé*), la forme impersonnelle (*Il est arrivé un accident*) est utilisée pour exprimer un propos en mettant l'accent sur l'événement (sur le groupe verbal).

Stratégie de repérage ou d'analyse

La phrase impersonnelle se reconnaît par son sujet impersonnel (c'est-à-dire sans référent). Ce sujet impersonnel est toujours *il*.

La forme impersonnelle est porteuse de sens surtout lorsqu'elle remplace la forme personnelle. Dans ce cas, demandez-vous pour quelle raison le locuteur a fait ce choix. Est-ce par aliénation, en raison de son incapacité à agir ? Est-ce pour illustrer une contrainte extérieure ? Est-ce par souci d'objectivité ?

Exemples	Sens ou effets
« Il me fut défendu pendant longtemps de voir Ou de porter les mains à l'objet qui me hante... » Émile NELLIGAN, « Le cercueil », *Œuvre* (1903).	La phrase impersonnelle fait ressortir la **défense d'agir** qui pèse sur le locuteur, défense qu'il ne peut attribuer à aucun sujet particulier. L'emploi de <u>verbes</u> exprimant des actions qui lui sont interdites (*voir* et *porter les mains*) témoigne de l'état passif dans lequel est plongé le locuteur.
« Il est donc vrai que mon cœur est mortel. » Gatien LAPOINTE, « Les sabliers du temps », *Ode au St-Laurent* (1963).	La phrase impersonnelle permet au locuteur de donner une **allure d'objectivité, de vérité certaine** à son affirmation. L'emploi du présent de l'indicatif (<u>temps verbal</u>) contribue également à créer cet effet.
« Dans ton p'tit trois et demi bien trop cher, frette en hiver **Il te vient des envies de devenir propriétaire** [...] » MES AÏEUX, « Dégénérations », *En famille* (2004).	L'emploi de la forme impersonnelle met en valeur l'**accroissement des envies** que ressent le personnage, envies qui s'expliquent par ses conditions de vie.

Le mouvement dans la phrase : l'ajout de compléments du nom

Définition

Un complément du nom est un élément qui, dans un groupe du nom, ajoute du sens à un nom ou à un pronom.

Stratégie de repérage ou d'analyse

Les principaux compléments du nom ou du pronom sont le groupe adjectival (*La lune argentée*), le groupe prépositionnel (*La lune de miel*), le groupe nominal (*La lune, astre de la nuit*), la subordonnée relative (*La lune qui brille au loin*) et la subordonnée participiale (*La lune se reflétant dans le lac*).

Les compléments du nom constituent des ajouts de sens souvent importants pour l'interprétation d'un texte. Prêter une attention particulière aux compléments du nom permet de ne pas négliger l'analyse des éléments importants pour la construction du sens. Ainsi, demandez-vous quel sens le complément du nom ajoute au nom ou au pronom auquel il se rapporte. Pour y arriver, cherchez à comprendre le sens et la valeur des termes employés dans le complément. Si les compléments sont nombreux, demandez-vous s'ils créent un effet particulier (d'insistance, d'exagération, de précision, etc.).

Exemples	Sens ou effets
«Alexis était le seul cousin de Poudrier. Père de huit enfants, c'était un paysan par atavisme[1], **travaillant comme une bête**, **courant souvent la galipote** et **dépensant comme un fou**, dans une semaine, tout ce qu'il arrachait au sein de sa **vieille** terre, **labourée**, **ensemencée**, **retournée**, **travaillée** depuis trois générations.» Claude-Henri GRIGNON, *Un homme et son péché* (1933).	Les trois subordonnées participiales qui complètent le nom *paysan* (*travaillant*, *courant* et *dépensant*) font ressortir les deux **facettes du personnage** d'Alexis, capable de travailler dur mais aussi de profiter de la vie. De plus, l'adjectif *vieille*, qui complète le nom *terre*, est une marque affective qui montre l'**attachement du paysan pour sa terre**, à laquelle il apporte beaucoup de soins. L'accumulation des participes adjectifs (*labourée, ensemencée, retournée, travaillée*) met en valeur ces soins apportés à la terre par le paysan.
«Monsieur Haneda était le supérieur de monsieur Omochi, **qui était le supérieur de monsieur Saito, qui était le supérieur de mademoiselle Mori, qui était ma supérieure.** Et moi, je n'étais la supérieure de personne.» Amélie NOTHOMB, *Stupeur et tremblements* (1990).	L'accumulation de compléments du nom (subordonnées relatives) **témoigne, avec humour, des liens hiérarchiques** qui unissent tous les personnages. La tonalité comique est également produite par la répétition de la formulation *qui était le supérieur de*.

---

1. *Atavisme* : hérédité.

Le mouvement dans la phrase : l'ajout de compléments de phrase

Définition

Un complément de phrase est un élément qui ajoute du sens à l'ensemble de la phrase, en précisant les circonstances de l'événement : le temps, le lieu, la cause, la conséquence, le but, etc.

Stratégie de repérage ou d'analyse

On reconnaît un complément de phrase par le fait qu'il est mobile (il peut se trouver à divers endroits dans la phrase), qu'il est facultatif (il peut être supprimé) et qu'il complète l'ensemble de la phrase et non un mot en particulier.

Les compléments de phrase constituent des ajouts de sens souvent importants pour l'interprétation d'un texte. Prêter une attention particulière aux compléments de phrase permet de ne pas négliger l'analyse des éléments importants pour la construction du sens. Ainsi, demandez-vous quel sens le complément de phrase ajoute à l'énoncé. Pour y arriver, cherchez à comprendre le sens et la valeur des termes employés dans le complément. Déterminez également l'effet créé par la position qu'occupe le complément dans la phrase. Si les compléments sont nombreux, demandez-vous s'ils créent un effet particulier (d'insistance, d'exagération, de précision, etc.).

Exemples	Sens ou effets
« **Demain**, **dès l'aube**, **à l'heure où blanchit la campagne**, Je partirai. Vois-tu, je sais que tu m'attends. » Victor HUGO, « Demain, dès l'aube », *Les Contemplations* (1856).	La succession de compléments de phrase, en gradation (repères temporels de plus en plus précis), indique la **planification minutieuse** d'un projet important pour le locuteur, celui d'aller se recueillir sur le tombeau de sa fille.
« **Devant la porte de l'usine** le travailleur soudain s'arrête le beau temps l'a tiré par la veste » Jacques PRÉVERT, « Le Temps perdu », *Paroles* (1936).	En plaçant un complément de lieu en tête de phrase, le locuteur **met en relief l'endroit précis** où le personnage remet en question l'horaire de sa journée : « Devant la porte de l'usine », puisqu'en passant son seuil, il ne pourra profiter du beau temps. Par le modificateur *soudain*, le locuteur précise que cette remise en question du personnage est impulsive et spontanée.
« **Aujourd'hui**, maman est morte. Ou **peut-être hier**, je ne sais pas. J'ai reçu un télégramme de l'asile : "Mère décédée. Enterrement demain. Sentiments distingués." Cela ne veut rien dire. C'était **peut-être hier**. » Albert CAMUS, *L'Étranger* (1942).	Les compléments de temps *aujourd'hui* et *peut-être hier* montrent l'**incertitude** du personnage quant au moment où la mort de sa mère s'est produite, comme s'il avait perdu la notion du temps ou qu'il était indifférent aux événements. Cette idée est appuyée par la répétition de *peut-être hier* ainsi que par la phrase négative *je ne sais pas*.

Le mouvement dans la phrase : la suspension

Définition

La suspension consiste à laisser une pensée inachevée ou à marquer un arrêt dans l'expression.

Stratégie de repérage ou d'analyse

On reconnaît une suspension par la présence de points de suspension.

Pour comprendre le sens de la suspension, demandez-vous pour quelle raison le locuteur a interrompu son propos ou pour quelle raison son interlocuteur lui a coupé la parole. Est-ce parce que le locuteur est hésitant ou troublé ? Est-ce parce qu'il a changé d'idée ? Est-ce parce que son interlocuteur veut l'empêcher de parler ? Et, dans ce cas, pourquoi veut-il l'en empêcher ?, etc.

Exemples	Sens ou effets
« LE COMTE – Quel homme est-ce ? [...] FIGARO – Brutal, avare, amoureux et jaloux à l'excès de sa pupille, qui le hait à la mort. LE COMTE – **Ainsi ses moyens de plaire sont...** FIGARO – Nuls. » BEAUMARCHAIS, *Le Barbier de Séville* (1775).	La suspension montre que c'est Figaro qui prend la parole pour continuer la phrase à la place du comte, qui **n'ose aller au bout de sa pensée**.
« [...] qui me conseillera dans l'embarras où je me trouve ? **Ce M. de Valmont...** et Danceny ! Non, l'idée de Danceny me met au désespoir... Comment vous raconter ? **comment vous dire ?...** Je ne sais comment faire. » Choderlos de LACLOS, *Les Liaisons dangereuses* (1782). Note : Il s'agit d'une lettre de Cécile à la Marquise de Merteuil.	La suspension témoigne du **trouble** de Cécile qui ne sait ni comment agir ni comment exprimer ce qu'elle ressent. Les <u>phrases interrogatives</u> illustrent également son état d'incertitude.
« VALVERT– **Vous...** vous avez **un nez... heu... un nez...** très grand. » Edmond ROSTAND, *Cyrano de Bergerac* (1897).	Les suspensions illustrent l'**absence de courage** du personnage, qui cherche à insulter son interlocuteur, Cyrano, mais qui n'ose pas exprimer les mots nécessaires pour y parvenir. Cette idée est également appuyée par l'expression somme toute assez banale qu'il finit par trouver, soit *Vous avez un nez très grand*.
« La neige, qui n'a pas cessé de tomber depuis trois jours, bloque les routes. Je n'ai pu me rendre à R... où j'ai coutume depuis quinze jours de célébrer le culte deux fois par mois. » André GIDE, *La Symphonie pastorale* (1919).	La suspension permet au locuteur de passer sous silence le nom du lieu où il devait se rendre. Ce choix narratif donne un **caractère plus réaliste** au récit, puisque le locuteur semble cacher délibérément un lieu que le lecteur pourrait reconnaître.

Le mouvement dans la phrase : l'ellipse

Définition

L'ellipse consiste à supprimer des mots dans une phrase, sans en altérer le propos.

Stratégie de repérage ou d'analyse

On reconnaît l'ellipse par le fait qu'on peut facilement restituer les mots supprimés dans la phrase pour la rendre complète. Dans l'exemple que voici, la deuxième phrase est incomplète : *Je ferai le ménage et toi, le repas*. Cette deuxième phrase fait l'ellipse du verbe *faire* pour éviter de le répéter. Mais il est permis de la rendre complète en y restituant ce verbe : *Je ferai le ménage et toi, tu feras le repas*.

Outre le fait d'éviter la redondance, l'ellipse peut produire un effet précis dans un texte. Pour en saisir la portée, demandez-vous en quoi la suppression de certains termes modifie le rythme de la phrase et donne plus de force aux propos tenus par le locuteur.

Exemples	Sens ou effets
« **Une orange sur la table** **Ta robe sur le tapis** Et **toi dans mon lit** **Doux présent du présent** **Fraîcheur de la nuit** **Chaleur de ma vie**. » Jacques PRÉVERT, « Alicante », *Paroles* (1936).	La suppression de *il y a* dans les trois premiers vers et de *tu es* dans les trois derniers **fait apparaître avec plus de netteté les images** évoquées par le locuteur.
« Ah ! ce n'est pas la peine qu'on en vive Quand on en meurt si bien **Pas la peine** de vivre Et voir cela mourir, mourir Le soleil et les étoiles » Hector de SAINT-DENYS GARNEAU, « Ah ! Ce n'est pas la peine », *Poésies* (1949).	En supprimant la première partie de la phrase à présentatif (*ce n'est*), le locuteur **met l'accent sur le propos** de la phrase et, surtout, sur la négation *Pas la peine de vivre*. Cette idée est accentuée par l'interjection *Ah !*, au début de la strophe, et par la répétition de *pas la peine*.
« D'un peu de ciment : **la ville** D'une flaque d'eau : **la mer** D'un caillou, j'ai fait mon île D'un glaçon, j'ai fait l'hiver. » Gilles VIGNEAULT, « Chanson », *Silences* (1957-1977).	En supprimant *j'ai fait* dans les deux premiers vers, le locuteur **crée un rythme régulier** (sept syllabes par vers) et accentue ainsi la musicalité des vers. Cet effet est également produit par l'anaphore *D'un[e]* au début des vers.

Les temps verbaux

Définition

De manière générale, les temps verbaux indiquent le moment de l'action. À l'indicatif, les temps des verbes sont les suivants : plus-que-parfait, imparfait, passé simple, passé composé, présent, futur antérieur, futur simple, futur du passé (conditionnel présent) et futur antérieur du passé (conditionnel passé).

Stratégie de repérage ou d'analyse

Pour identifier le temps d'un verbe, il faut observer sa terminaison. Au besoin, on peut se référer à des tableaux de conjugaison.

Les temps de l'indicatif servent à marquer si une action se produit au moment même où l'énoncé est émis, ou bien avant ou après ce moment (temps présent, passé composé, passé simple, imparfait, futur simple) ou à marquer le moment où un autre événement se produit (temps plus-que-parfait, passé antérieur, futur antérieur, futur du passé, futur antérieur du passé). En outre, le présent peut servir à exprimer une vérité générale ; l'imparfait, une habitude, une action répétée dans le passé ou une demande atténuée ; le futur simple, une promesse, un ordre ou une prédiction. Les temps des autres modes verbaux, plus limités, indiquent si une action est passée ou en cours.

Exemples	Sens ou effets
«Tous la **verront** passer, feuille sèche à la brise Qui tourbillonne, tombe et se fane en la nuit ; Mais nul ne l'**aimera**, nul ne l'**aura comprise**.» Émile NELLIGAN, «La Passante», *Œuvre* (1903).	Par l'emploi du futur (simple et antérieur), le locuteur **prédit** le triste destin de la pauvre passante aperçue dans un parc. Le futur antérieur marque ce qui précède l'événement au futur simple : personne ne comprendra la passante, par conséquent, personne ne l'aimera. Ce sens est également exprimé par l'opposition entre les <u>pronoms</u> indéfinis *tous* et *nul*.
«On ne **voit** bien qu'avec le cœur.» Antoine de SAINT-EXUPÉRY, *Le Petit Prince* (1943).	Dans cet énoncé, prononcé par le renard et adressé au petit prince, le présent a une **valeur de vérité générale.** Cette phrase remplit une fonction didactique : par elle, le renard cherche à instruire son compagnon. Cette <u>tonalité didactique</u> est marquée par l'utilisation du <u>pronom</u> indéfini *on*, qui permet au renard de généraliser son propos.
«Je t'**aimais**, je t'**aime** et je t'**aimerai**.» Francis CABREL, «Je t'aimais, je t'aime et je t'aimerai», *Samedi soir sur la terre* (1994).	L'emploi des temps imparfait, présent et futur simple dans ce même énoncé montre le **caractère intemporel et durable** de l'amour éprouvé par le locuteur. C'est la déclaration d'amour par excellence !

Les classes de mots : les déterminants

Définition

Le déterminant est un mot qui précède toujours le nom et qui permet d'identifier un être ou une chose ou d'indiquer une quantité.

Stratégie de repérage ou d'analyse

L'étude de certains déterminants peut parfois apporter des informations utiles pour l'analyse d'un texte. Voici un classement des principaux déterminants :

◆ déterminants démonstratifs, qui servent à désigner un référent connu (*ce, cet, cette, ces*) ;

◆ déterminants possessifs, qui marquent un rapport d'appartenance, de parenté, de possession, etc. (*mon, ton, son, ma, ta, sa, mes, tes, ses, notre, votre, leur, nos, vos, leurs*) ;

◆ déterminants numéraux, qui expriment un nombre (*un, deux, trois...*) ;

◆ déterminants indéfinis, qui expriment une quantité ou une réalité quelconque, imprécise, etc. (*un, une, des, du, de la, certains, tout, plusieurs, quelques, chaque, beaucoup de, aucun, nul...*) ;

◆ déterminants définis, qui désignent un élément identifiable (*la, les, l', au, aux, du, des*).

Pour dégager du sens de l'emploi des déterminants, posez-vous les questions suivantes : Y a-t-il plusieurs déterminants de même nature ? Y a-t-il une opposition entre des déterminants employés au singulier et d'autres employés au pluriel ? Y a-t-il une opposition entre le général et le particulier, etc. ?

Exemples	Sens ou effets
« Il [Séraphin] coupait du bois [...]. Il en coupait et il en sciait **vingt**, **trente**, **quarante** cordes, qu'il vendait au village à raison de **un** dollar **soixante-quinze** la corde, toujours **vingt-cinq** sous plus cher que les autres [...]. » Claude-Henri GRIGNON, *Un homme et son péché* (1933).	L'insistance sur les nombres (déterminants numéraux) met en valeur le **caractère calculateur** du personnage, particulièrement en ce qui concerne l'argent. L'<u>énumération</u> de déterminants fait également ressortir le caractère de Séraphin.
« *Qué va*, dit le gamin. Y a **beaucoup de** bons pêcheurs et puis y a **des très grands** pêcheurs. Mais y en a qu'**un** comme toi. » Ernest HEMINGWAY, *Le Vieil Homme et la mer* (1952).	Le passage du déterminant indéfini *beaucoup de* à *des* puis à *un*, associé à la <u>gradation</u> *bons pêcheurs, très grands pêcheurs, toi* exprime le **caractère unique** du pêcheur à qui l'enfant s'adresse.
« **Mon** pays, ce n'est pas **un** pays, c'est **l'**hiver » Gilles VIGNEAULT, « Mon pays » (1964).	L'utilisation du déterminant possessif *mon* exprime le **sentiment d'appartenance** du locuteur envers son pays, auquel il refuse d'accoler un déterminant indéfini (*un*), qui nierait sa spécificité. La <u>phrase emphatique</u> (*Mon pays [...] c'est [...]*) vient accentuer cette spécificité.

Les classes de mots : les noms

Définition

Le nom est un mot qui peut être précédé d'un déterminant et accompagné d'un adjectif. Il permet de nommer un être ou une chose.

Stratégie de repérage ou d'analyse

La catégorie à laquelle appartient un nom peut, dans certains cas, apporter des informations utiles. Il existe plusieurs catégories de noms :

◆ nom abstrait/concret (*désir, cauchemar…/porte, fleur…*) ;

◆ nom individuel/collectif (*personne, raisin, abeille…/foule, grappe, essaim…*) ;

◆ nom animé/non animé (*lion, fourmi, artiste…/écorce, roc, pupitre…*) ;

◆ nom humain/non humain (*professeur, chanteur…/éléphant, serpent…*) ;

◆ nom comptable/non comptable (*caillou, robe…/eau, sel, amitié…*).

Pour dégager du sens de l'emploi des noms, demandez-vous si l'on en trouve plusieurs d'une même catégorie dans le texte que vous analysez. Demandez-vous également si l'on trouve des oppositions entre deux catégories de noms au sein d'un même extrait. Une fois que vous avez repéré les noms qui semblent pertinents, cherchez leur définition afin de bien en comprendre le sens (propre ou figuré) et tentez de déterminer si la catégorie à laquelle ils appartiennent a une valeur dans le texte.

Exemples	Sens ou effets
«J'ai été à cette noce de Mlle de Louvois : que vous dirais-je ? [...] **habits** rabattus et rebrochés d'**or**, **pierreries**, **brasiers** de **feu** et de **fleurs**, embarras de **carrosses** [...] ; du milieu de tout cela, il sortit quelques questions de votre santé, où ne m'étant pas assez pressée de répondre, ceux qui les faisaient sont demeurés dans l'**ignorance** et dans l'**indifférence** de ce qui en est : ô **vanité** des **vanités** ! » Madame de SÉVIGNÉ, lettre rédigée le 29 novembre 1679.	Dans cet extrait, les nombreux noms concrets (*habits, or, pierreries, carrosses*) renvoient au monde extérieur à la **richesse matérielle** alors que les noms abstraits (*ignorance, indifférence, vanité*) montrent l'**idée plutôt négative** que se fait la locutrice à partir de ce qu'elle observe. La valeur du vocabulaire appuie d'ailleurs cette idée : la locutrice emploie des <u>termes mélioratifs</u> pour décrire les apparences et un <u>vocabulaire péjoratif</u> pour parler de ce qui se cache derrière celles-ci.
« [...] c'était toujours à la barrière Poissonnière qu'elle revenait, le cou tendu, s'étourdissant à voir couler [...] le **flot** ininterrompu d'**hommes**, de **bêtes**, de **charrettes** [...]. Il y avait là un piétinement de **troupeau**, une **foule** que de brusques arrêts étalaient en **mares** sur la chaussée, un **défilé** sans fin d'**ouvriers** allant au travail [...]. Lorsque Gervaise, parmi tout ce **monde**, croyait reconnaître Lantier, elle se penchait davantage, au risque de tomber ; puis, elle appuyait plus fortement son mouchoir sur la bouche, comme pour renfoncer sa douleur. » Émile ZOLA, *L'Assommoir* (1877).	Les noms collectifs (*troupeau, foule, défilé, monde*) combinés aux noms employés au pluriel (*hommes, bêtes, charrettes, ouvriers*) témoignent de la **marée humaine** qui déambule devant la fenêtre de Gervaise. <u>L'énumération</u> de cette foule contribue au drame du personnage qui, désespérément, y cherche son compagnon de vie, Lantier.

Les classes de mots : les pronoms

Définition

Le pronom est un mot qui permet de reprendre un élément du texte ou qui désigne une réalité hors texte.

Stratégie de repérage ou d'analyse

L'étude de certains pronoms peut parfois apporter des informations utiles pour l'analyse d'un texte. Voici un classement des principaux pronoms :

◆ les pronoms démonstratifs, qui servent à désigner un référent connu (*celui, ceux, celle, celles, celui-ci, celle-là, ceci, cela...*) ;

◆ les pronoms possessifs, qui marquent un rapport d'appartenance, de parenté, de possession, etc. (*le mien, le tien, le sien...*) ;

◆ les pronoms indéfinis, qui expriment une quantité ou une réalité quelconque, imprécise, etc. (*on, rien, personne, quelqu'un, quelque chose, chacun, tous, certains, plusieurs...*) ;

◆ les pronoms personnels, qui désignent une personne ou une chose (*je, te, soi, lui, on, nous, elles...*).

Pour dégager du sens de l'emploi des pronoms, demandez-vous si l'on en trouve plusieurs d'une même catégorie dans le texte que vous analysez. Demandez-vous aussi si la catégorie à laquelle ils appartiennent a une valeur dans le texte.

Exemples	Sens ou effets
«VALÈRE – Appelez-vous **cela** un vol ? HARPAGON – Si je **l'**appelle un vol ! un trésor comme **celui-là** ! VALÈRE – **C'**est un trésor, il est vrai, [...] mais ce ne sera pas **le** perdre que de me **le** laisser.» MOLIÈRE, *L'Avare* (1668).	L'emploi de pronoms démonstratifs et personnels, dont les référents ne sont pas clairement définis par le contexte, crée ici un **quiproquo** : alors qu'Harpagon parle de sa cassette pleine d'argent, qu'il s'est fait voler, Valère demande à Harpagon la main de sa fille. Pour Valère, le «trésor» est, au <u>sens figuré</u>, sa fiancée, alors qu'Harpagon a véritablement perdu son trésor (<u>sens propre</u>).
«Il y a de la place pour **tous** et pour **chacun**.» Georges MOUSTAKI, «Déclaration» (1973).	La présence dans une même phrase des pronoms indéfinis *tous*, qui marque la **totalité**, et *chacun*, qui marque l'**individualité**, montre l'importance particulière accordée à la fois à la collectivité et à la personne.
«Quand je joue, je pense à **vous** Quand je redeviens **moi**, je pense encore à **toi**» Jean-Pierre FERLAND, «Le doux billet doux», *Y'a pas deux chansons pareilles* (1981).	Cet extrait met en scène un homme qui a été abandonné par une femme, qui l'a quitté pour un autre. Bien qu'il essaie de faire semblant de ne pas en être affecté (il «joue»), les pronoms personnels *moi* et *toi* expriment la **relation profonde** qui existe encore entre cette femme et lui, alors que le pronom personnel *vous* témoigne de **la distance** qui le sépare du couple nouvellement formé.

Les classes de mots : les adjectifs

Définition

L'adjectif est un mot qui apporte un supplément d'information à un nom ou à un pronom. Certains adjectifs permettent de mieux voir, entendre, sentir, etc., ce qui est exprimé. D'autres adjectifs permettent plutôt de saisir la perception ou l'attitude du locuteur par rapport à ce qu'il exprime.

Stratégie de repérage ou d'analyse

Le repérage de certaines catégories d'adjectifs peut parfois constituer une porte d'entrée intéressante pour l'analyse d'un texte. Voici quelques catégories courantes d'adjectifs :

- ◆ les adjectifs qui marquent des caractéristiques physiques (*long, solide, rapide, rouge…*) ;
- ◆ les adjectifs qui marquent la position dans l'espace (*horizontal, centré…*) ;
- ◆ les adjectifs qui marquent la durée (*lent, bref…*) ;
- ◆ les adjectifs qui expriment un jugement esthétique (*laid, magnifique, démodé…*) ;
- ◆ les adjectifs qui expriment un jugement moral (*inacceptable, poli, bon…*) ;
- ◆ les adjectifs qui expriment un jugement affectif (*gentil, mignon, distant, distrait…*).

Pour dégager du sens de l'emploi des adjectifs, demandez-vous si l'on en trouve plusieurs d'une même catégorie dans le texte que vous analysez. Une fois que vous avez repéré les adjectifs qui semblent pertinents, cherchez leur définition afin de bien en comprendre le sens (propre ou figuré) et tentez de déterminer si la catégorie à laquelle ils appartiennent a une valeur dans le texte.

Exemples	Sens ou effets
« Grandoïne était **preux et vaillant, courageux et hardi** au combat. Sur son chemin il rencontre Roland [qui] le frappe d'un […] terrible coup […]. » *La Chanson de Roland* (vers 1080-1100).	Par les adjectifs exprimant un jugement moral, le locuteur met en lumière les **vertus guerrières** de Grandoïne. En le frappant, Roland prouve ainsi son héroïsme puisqu'il se mesure à un adversaire de taille. Ces adjectifs contribuent d'ailleurs à créer une tonalité épique.
« [Rastignac] vint dans la salle à manger **nauséabonde** où il aperçut, comme des animaux à un râtelier, les dix-huit convives en train de se repaître. Le spectacle de ces misères et l'aspect de cette salle lui furent **horribles**. La transition était trop **brusque**, le contraste trop complet, pour ne pas développer outre mesure chez lui le sentiment de l'ambition. D'un côté, les **fraîches** et **charmantes** images de la nature sociale la plus **élégante**, des figures **jeunes**, **vives**, encadrées par les merveilles de l'art et du luxe, des têtes **passionnées pleines** de poésie ; de l'autre, de **sinistres** tableaux bordés de fange, et des faces où les passions n'avaient laissé que leurs cordes et leur mécanisme. » Honoré de BALZAC, *Le Père Goriot* (1834-1835).	Les adjectifs qui expriment un jugement esthétique contribuent à établir un **contraste** entre la pension Vauquer, qui inspire le **dégoût** au personnage Rastignac (*nauséabonde, horribles*), et les salons de l'aristocratie parisienne, qui suscitent chez lui l'**admiration** (*fraîches, jeunes, passionnées*). Dans cette optique, les adjectifs qui décrivent la pension Vauquer sont péjoratifs, alors que ceux qui décrivent les salons sont mélioratifs.

Les classes de mots : les verbes

Définition

Le verbe est un mot qui peut se conjuguer.

Stratégie de repérage ou d'analyse

Le repérage de certaines catégories de verbes peut parfois constituer une porte d'entrée intéressante pour l'analyse d'un texte. Voici quelques catégories de verbes :

- les verbes d'action (*manger, écrire, rire…*) ;
- les verbes de perception (*voir, entendre, toucher…*) ;
- les verbes de sentiment (*aimer, détester…*) ;
- les verbes de parole (*dire, crier, affirmer…*) ;
- les verbes d'opinion (*penser, croire…*) ;
- les verbes performatifs (*ordonner, suggérer, remercier, féliciter, promettre, interdire…*) ;
- les verbes modalisateurs (*pouvoir, devoir, vouloir, falloir*).

Pour dégager du sens de l'emploi des verbes, demandez-vous si l'on en trouve plusieurs d'une même catégorie dans le texte que vous analysez. Demandez-vous aussi si la catégorie à laquelle ils appartiennent a une valeur dans le texte.

Exemples	Sens ou effets
«Je **déclare** l'état de bonheur permanent et le droit de chacun à tous les privilèges.» Georges MOUSTAKI, «Déclaration» (1973).	Le verbe *déclare* joue ici le rôle d'un verbe performatif : le simple fait de prononcer ce mot constitue un **acte solennel.**
«[Et] toi qui **montes**, **chantes**, et qui **cours**, **vas**, **descends**, et **plantes**, **couds**, **cuisines**, **écris**, **cloues**, et **reviens**, si tu t'en vas, c'est que l'hiver a commencé.» Pablo NERUDA, «Midi, poème 38», *La Centaine d'amour* (1973).	La longue <u>énumération</u> de verbes d'action fait ressortir la **vitalité** de l'interlocuteur. Cette <u>accumulation</u> de verbes crée un <u>rythme</u> qui appuie cette vitalité présente sur le plan du contenu.
«L'opium **agrandit** ce qui n'a pas de bornes, **Allonge** l'illimité, **Approfondit** le temps, **creuse** la volupté, Et de plaisirs noirs et mornes **Remplit** l'âme au-delà de sa capacité.» Charles BAUDELAIRE, «Poison», *Les Fleurs du mal* (1857).	Les verbes d'action permettent au locuteur de décrire les **multiples effets** de l'opium. Les verbes du <u>champ lexical</u> de l'agrandissement (*agrandit, allonge, approfondit, creuse*) révèlent la sensation de dilatation, d'infini que ressent le locuteur au contact de l'opium, alors que le verbe *remplit* fait ressortir la sensation de plénitude de *plaisirs noirs*.

Les classes de mots : les adverbes

Définition

L'adverbe est un mot invariable qui modifie le sens d'un adjectif, d'un verbe ou d'un adverbe.

Stratégie de repérage ou d'analyse

Le repérage de certaines catégories d'adverbes peut ajouter des informations pertinentes à l'analyse d'un texte. Voici quelques catégories d'adverbes :

- adverbes de temps (*demain, déjà, aussitôt...*) ;
- adverbes de lieu (*ici, ailleurs, partout...*) ;
- adverbes de manière (*mal, vite, bien...*) ;
- adverbes de quantité (*beaucoup, davantage, moins...*) ;
- adverbes d'intensité, également appelés superlatifs (*trop, si, tant, tellement...*) ;
- adverbes d'organisation textuelle (*d'abord, ensuite, puis, enfin...*) ;
- adverbes de point de vue (ou modalisateurs), qui permettent d'insérer un commentaire dans un énoncé (*apparemment, peut-être, franchement, sans doute...*).

Pour dégager du sens de l'emploi des adverbes, demandez-vous si l'on en trouve plusieurs d'une même catégorie dans le texte que vous analysez. Demandez-vous aussi si la catégorie à laquelle ils appartiennent a une valeur dans le texte.

Exemples	Sens ou effets
« Rien n'était **si** beau, **si** leste, **si** brillant, **si** bien ordonné que les deux armées. Les trompettes, les fifres, les hautbois, les tambours, les canons, formaient une harmonie telle qu'il n'y en eut jamais en enfer. » VOLTAIRE, *Candide* (1759).	La <u>répétition</u> de l'adverbe d'intensité *si* met en lumière l'**ironie** du locuteur, qui simule l'admiration devant les deux armées qui s'apprêtent à commettre des atrocités. L'association des « canons » aux instruments de musique marque également cette ironie.
« J'ai **trop** vu, **trop** senti, **trop** aimé dans ma vie. » Alphonse de LAMARTINE, « Le Vallon », *Méditations poétiques* (1820).	L'adverbe d'intensité *trop*, qui modifie les <u>verbes</u> de perception et de sentiment *voir*, *sentir* et *aimer*, laisse transparaître un **sentiment d'excès**, une incapacité à vivre davantage. L'expression de ces émotions intenses contribue à créer une <u>tonalité lyrique</u>.
« **Ailleurs** C'est peut-être **loin** Ou c'est peut-être **à côté** **Ailleurs** C'est peut-être avec moi **Quelque part** entre nous Faudrait y aller. » Jean-Pierre FERLAND, « Prologue », *Jaune* (1970).	Par les adverbes de lieu (*loin, à côté, quelque part*), le locuteur **invite le destinataire à participer à sa quête**, même s'il ne sait pas où cela va le mener. La <u>répétition</u> de l'adverbe de point de vue *peut-être* marque d'ailleurs cette incertitude.

Les classes de mots : les prépositions

Définition

La préposition est un mot invariable qui permet d'introduire un groupe du nom (*pour la vie*), un pronom (*pour tous*), un adverbe (*pour demain*), une subordonnée (*pour quand tu voudras*) ou un groupe prépositionnel (*pour dans trois jours*).

Stratégie de repérage ou d'analyse

La catégorie à laquelle appartient une préposition peut, dans certains cas, apporter des informations utiles. Voici quelques catégories de prépositions :

◆ situation dans l'espace (*dans, à côté de, sur, vers, chez, jusqu'à, sous…*) ;
◆ situation dans le temps (*depuis, pendant, après, avant…*) ;
◆ coprésence (*avec…*) ;
◆ absence (*sans…*) ;
◆ opposition (*malgré, contre…*) ;
◆ but (*pour, envers…*) ;
◆ manière (*selon, avec, par…*) ;
◆ cause (*à cause de, grâce à…*).

Pour dégager du sens de l'emploi des prépositions, demandez-vous si l'on en trouve plusieurs d'une même catégorie dans le texte que vous analysez et si elles sont employées de façon inusitée. Demandez-vous également si l'on trouve des oppositions entre deux catégories de prépositions au sein d'un même extrait.

Exemples	Sens ou effets
«**Au-dessus** des étangs, **au-dessus** des vallées, Des montagnes, des bois, des nuages, des mers, **Par-delà** le soleil, **par-delà** les éthers, **Par-delà** les confins des sphères étoilées Mon esprit tu te meus avec agilité.» Charles BAUDELAIRE, « Élévation », *Les Fleurs du mal* (1857).	Par la <u>répétition</u> de prépositions désignant une situation dans l'espace, le locuteur a **l'impression de survoler** la nature et de s'élever graduellement dans le ciel. Dans cette optique, l'<u>énumération</u> des lieux contribue elle aussi à créer l'effet d'élévation.
«On reconnaît d'un coup d'œil ceux qui vivent **avec**, **malgré** ou **parmi** les autres.» Gilbert CESBRON.	L'<u>énumération</u> de prépositions vient **préciser trois types de relations sociales** : vivre en compagnie des autres (« avec » les autres), mener sa destinée sans se laisser freiner ou influencer (« malgré » les autres), enfin vivre comme tous les autres (« parmi » eux).
«Je marche **à côté d'**une joie D'une joie qui n'est pas à moi D'une joie à moi que je ne puis pas prendre» Hector de SAINT-DENYS GARNEAU, « Accompagnement », *Regards et jeux dans l'espace* (1937).	La préposition *à côté de* indique que les pas du locuteur et la joie suivent des chemins parallèles. Cette joie hors d'atteinte marque **l'aliénation** du locuteur, qui vit comme étranger à ses propres sentiments. La forme négative des <u>compléments du nom</u> exprime également cette incapacité.

Les classes de mots : les conjonctions

Définition

La conjonction est un mot invariable qui met en relation deux éléments de même fonction (coordination) ou un élément dépendant d'un autre (subordination).

Stratégie de repérage ou d'analyse

Le repérage de certaines conjonctions peut apporter des informations utiles à l'analyse d'un texte. Voici quelques catégories de conjonctions en fonction de leur valeur sémantique :

- valeur d'addition (*et, aussi, de plus, en outre, en plus de ce que, outre que...*) ;
- valeur d'alternative (*ou, ou bien, soit... soit... tantôt... tantôt...*) ;
- valeur de comparaison et de manière (*autant... autant, plus... moins, ainsi que...*) ;
- valeur de cause (*car, en effet, d'ailleurs, du reste, comme, parce que...*) ;
- valeur de justification (*car, en effet, au point que, de façon que, de manière que...*) ;
- valeur de conséquence (*ainsi, aussi, par conséquent, au point que, de manière que...*) ;
- valeur d'opposition, de concession ou de restriction (*mais, cependant, néanmoins, or, par contre, sinon, du moins, alors que, au lieu que...*).

Pour dégager du sens de l'emploi des conjonctions dans le texte que vous analysez, demandez-vous à quelles catégories elles appartiennent et quelle est la valeur sémantique de ces catégories. Demandez-vous même s'il y a une absence de conjonction qui crée un effet quelconque.

Exemples	Sens ou effets
« Selon que vous serez puissant **ou** misérable Les jugements de cour vous rendront blanc **ou** noir. » Jean de LA FONTAINE, « Les Animaux malades de la peste », *Fables* (1668-1693).	L'emploi de la conjonction *ou*, qui marque l'alternative, montre l'**absence de nuance** dans les jugements de la cour, qui détermine la culpabilité de l'accusé en ne tenant compte que de son statut social. La répétition du *ou* accentue cet effet.
« J'ai perdu ma force **et** ma vie **Et** mes amis **et** ma gaieté » Alfred de MUSSET, « Tristesse », *Poésies nouvelles* (1852).	La répétition de la conjonction d'addition *et* crée un effet d'accumulation de toutes les choses essentielles que le locuteur a perdues. Le locuteur exprime ainsi son **lourd sentiment de perte**, ce qui contribue à créer une tonalité lyrique.
« Pendant six mois, j'errai de Gênes à Venise, de Venise à Florence, de Florence à Rome, de Rome à Naples. » Guy de MAUPASSANT, *L'Inutile Beauté* (1890).	L'absence de la conjonction d'addition *et* devant le dernier terme de l'énumération contribue à créer un **effet de continuité**, de perpétuel déplacement. Cet effet est amplifié par l'énumération des noms de lieux.

4 Procédés stylistiques

Introduction

Les procédés stylistiques (figures de style) sont des moyens de produire des effets. Ils se distinguent des formulations neutres du discours. Ainsi, s'il est banal de dire *Il fait noir*, il est plus étonnant d'entendre *La nuit est d'ébène*, comme l'écrit Jean Leloup dans sa chanson «L'Antiquaire». Au fil du temps, plusieurs figures sont devenues des expressions courantes. C'est le cas de l'hyperbole *mourir de faim*, qui signifie *avoir faim*, ou de la litote *Tu n'es pas bête* pour dire à quelqu'un qu'il est intelligent.

Nous avons limité ce chapitre aux figures de style qui sont les plus connues. Nous les avons classées soit en fonction du moyen utilisé pour les concevoir (le rapprochement ou la substitution d'éléments, l'organisation syntaxique), soit en fonction de l'effet produit (amplification ou insistance).

Exemple

«SCAPIN – Bon. Imaginez-vous que je suis votre père qui arrive, et répondez-moi fermement, comme si c'était à lui-même. Comment, pendard, vaurien, infâme, fils indigne d'un père comme moi, oses-tu bien paraître devant mes yeux, après tes bons déportements, après le lâche tour que tu m'as joué pendant mon absence? Est-ce là le fruit de mes soins, maraud? est-ce là le fruit de mes soins? le respect qui m'est dû? le respect que tu me conserves? Allons donc. Tu as l'insolence, fripon, de t'engager sans le consentement de ton père, de contracter un mariage clandestin? Réponds-moi, coquin, réponds-moi. Voyons un peu tes belles raisons. Oh! que diable! vous demeurez interdit!

OCTAVE – C'est que je m'imagine que c'est mon père que j'entends.»
MOLIÈRE, *Les Fourberies de Scapin* (1671).

Accumulation
L'accumulation d'insultes exprime avec insistance la perception que le père d'Octave aura de son fils, selon Scapin. Elle contribue à placer Octave en position d'infériorité par rapport à son père.

Répétition
La répétition de cette phrase permet de créer un effet de martèlement: par ses propos insistants et durs, Scapin prépare Octave à recevoir la réaction de son père.

Antiphrase
L'antiphrase permet d'accentuer le reproche envers Octave: aux yeux de son père, aucune raison ne pourra justifier un mariage clandestin. L'antiphrase, ironique, discrédite d'avance tout argument.

Les figures de rapprochement d'éléments analogues : la comparaison

Définition

La comparaison consiste à rapprocher, à l'aide d'un mot de comparaison, deux éléments ayant quelque chose en commun, ce qui crée une image.

DIFFÉRENCE AVEC LA MÉTAPHORE : Dans la comparaison, les deux éléments sont rapprochés à l'aide d'un terme comparatif.

Stratégie de repérage ou d'analyse

La comparaison se reconnaît par la présence d'un mot de comparaison. Il peut s'agir d'un adverbe (*comme*), d'une locution (*une espèce de*, *de même que*, *à l'image de*, *plus que*, *moins que...*), d'un adjectif (*tel*, *pareil*, *comparable*, *semblable...*) ou d'un verbe (*ressembler*, *paraître*, *sembler...*).

Pour comprendre l'effet produit par une comparaison, demandez-vous ce que cette figure apporte de plus à l'énoncé. Demandez-vous aussi ce que les deux éléments comparés ont en commun, car c'est ce trait que le locuteur met en valeur.

Exemples	Sens ou effets
« [Lancelot] fait une génuflexion[1] en direction de la chambre [de Guenièvre], **comme on peut le faire devant un autel.** » Chrétien de TROYES, *Lancelot ou Le Chevalier à la charrette* (1170).	Fléchir le genou (<u>dénotation</u> de génuflexion) devant un autel est une marque de respect. Le fait de comparer la génuflexion de Lancelot à ce geste fait ressortir le **grand respect** du personnage envers Guenièvre, qu'il traite comme le ferait un croyant devant Dieu.
« Et je m'en vais Au vent mauvais Qui m'emporte Deçà, delà, **Pareil à la Feuille morte.** » Paul VERLAINE, « Chanson d'automne », *Poèmes saturniens* (1866).	Le fait de comparer sa vie à une feuille morte qui se laisse emporter par le vent permet d'illustrer l'**état de vagabondage** du locuteur. L'utilisation des <u>adverbes</u> *deçà*, *delà* contribue également à mettre en lumière cet état.
« [...] je suis **plus puissant que le doigt d'un roi**, dit le serpent [au petit Prince]. » Antoine de SAINT-EXUPÉRY, *Le Petit Prince* (1943).	En comparant sa puissance à celle du doigt d'un roi, symbole d'autorité, le serpent met en lumière **sa force**, **sa supériorité**, puisqu'un simple contact avec lui peut être fatal. L'emploi de la locution comparative *plus... que* accentue cet effet de puissance.

---

1. *Génuflexion* : action de fléchir le genou en signe de respect, de soumission.

Les figures de rapprochement d'éléments analogues : la métaphore

Définition

La métaphore consiste à rapprocher, sans mot de comparaison, deux éléments ayant quelque chose en commun, ce qui crée une image. Quand une métaphore est développée tout au long d'un texte, on l'appelle **métaphore filée**.

DIFFÉRENCE AVEC LA COMPARAISON : La métaphore se distingue de la comparaison par l'absence d'un terme comparatif.

Stratégie de repérage ou d'analyse

La métaphore est une comparaison sans terme comparatif. Pour la repérer, il suffit, dans certains cas, de la transformer en comparaison. Par exemple, la métaphore *Tu es un ange* pourrait devenir *Tu es comme un ange*. Toutefois, la métaphore ne présente pas toujours de façon explicite les éléments qui sont rapprochés, ce qui la rend quelquefois difficile à repérer. Pour y arriver, tentez de repérer un mot ou une expression qui désigne normalement une réalité concrète (par exemple, *Tu es une soie*), mais qui, dans le contexte, représente une notion abstraite (par exemple, la douceur).

Pour comprendre l'effet produit par une métaphore, demandez-vous ce qu'elle apporte de plus à l'énoncé. De plus, quand vous avez repéré les deux éléments mis en relation, demandez-vous en quoi ces deux réalités se ressemblent, car c'est souvent ce point commun que le locuteur met en valeur. Si un seul des éléments est exprimé, cherchez à comprendre son sens figuré.

Exemples	Sens ou effets
« Le monde entier est une scène. » William SHAKESPEARE, *Comme il vous plaira* (1599).	En créant un lien de ressemblance entre « le monde entier » et « une scène », le locuteur tente d'exprimer sa perception négative des comportements humains : les hommes, tels des comédiens, jouent constamment un rôle. Par cette métaphore, le locuteur **dénonce l'hypocrisie des hommes** qui cachent leur véritable nature derrière un masque. L'emploi du verbe *être* à l'indicatif présent (temps verbal) donne d'ailleurs à cette métaphore une valeur de vérité générale.
« Maggie est un paysage de juin parfaitement vert et soleilleux sur lequel le temps n'a pas commencé de s'aiguiser les griffes. » Monique PROULX, *Homme invisible à la fenêtre* (1993).	Le rapprochement entre Maggie et « un paysage de juin parfaitement vert et soleilleux » permet d'exprimer de façon imagée la vivacité, la force et la beauté qui caractérisent Maggie. À l'inverse, le temps est présenté de façon négative : en signalant que le temps a des griffes, le locuteur le compare implicitement à une bête sauvage et cruelle qui attend le bon moment pour sauter sur sa proie. Par ces métaphores, le locuteur exprime donc, de façon imagée et évocatrice, la **jeunesse** de Maggie, qui n'a pas encore subi les **ravages du temps**.

Les figures de rapprochement d'éléments analogues : la personnification

Définition

La personnification consiste à attribuer des caractéristiques humaines à des animaux, à des objets ou à des notions abstraites.

DIFFÉRENCE AVEC L'ALLÉGORIE : La personnification ne fait pas nécessairement partie d'un récit ou d'une description à valeur symbolique. En outre, elle n'illustre pas uniquement des notions abstraites, puisqu'elle permet également d'attribuer aux animaux et aux objets des caractéristiques humaines, ce qui n'est pas le cas de l'allégorie.

Stratégie de repérage ou d'analyse

Pour repérer une personnification, tentez de voir si, pour caractériser une chose ou une idée, l'auteur emploie des noms ou des adjectifs qui présentent des fonctions ou des qualités humaines (amoureux, généreux, avare, etc.). Cherchez également des verbes qui représentent des activités que seuls pratiquent les êtres humains (parler, se marier, rire, rêver, etc.).

Pour comprendre l'effet produit par une personnification, demandez-vous ce que les qualités humaines ajoutent à l'objet ou à l'animal personnifié. Ces traits humains lui donnent-ils plus de pouvoir, d'autonomie, de considération ? Quelle est la fonction de cet être personnifié ? Est-il présenté comme un adversaire, un allié, un confident du locuteur, etc. ?

Exemples	Sens ou effets
« RODRIGUE – **Tous mes plaisirs sont morts.** » Pierre CORNEILLE, *Le Cid* (1637).	En attribuant à ses plaisirs un caractère mortel, le personnage affirme que leur perte est aussi **tragique** que la mort d'un individu. L'emploi du déterminant *tous mes* accroît l'ampleur de son affliction (<u>hyperbole</u>).
« **Ô lac !** l'année à peine a fini sa carrière, Et, près des flots chéris qu'elle devait revoir, **Regarde !** je viens seul m'asseoir sur cette pierre Où **tu la vis** s'asseoir ! » Alphonse de LAMARTINE, « Le lac », *Méditations poétiques* (1820).	Le locuteur personnifie ici le lac en s'adressant à lui comme s'il s'agissait d'un **ami intime** avec qui il partage d'heureux souvenirs. Cette image fait ressortir les liens étroits qui unissent le locuteur à la nature et contribue à créer une <u>tonalité lyrique</u>.
« Quand elle souriait, **les fleurs pâlissaient de jalousie** et les feuilles tombaient des arbres pour embrasser ses pieds. » Shan SA, *Impératrice* (2004).	En attribuant aux fleurs le trait humain de la jalousie (personnification), le locuteur illustre à quel point le sourire du personnage est beau, puisque même la nature y est sensible. Cette idée est d'autant plus vraie que les fleurs, symboles de beauté, sont sensibles aux **charmes du personnage.**

Les figures de rapprochement d'éléments analogues : l'allégorie

Définition

L'allégorie consiste à représenter une notion abstraite par un élément concret. Elle repose souvent sur une personnification qui est élaborée dans un court récit ou dans une description qui a une portée symbolique.

DIFFÉRENCE AVEC LA PERSONNIFICATION : L'allégorie a toujours une valeur symbolique. De plus, elle est uniquement employée pour illustrer une abstraction, ce qui n'est pas le cas de la personnification (où il est également possible d'attribuer des caractéristiques humaines à des animaux et à des objets).

Stratégie de repérage ou d'analyse

L'allégorie se reconnaît par la présence d'une histoire ou d'une description qui met en scène, de manière simple et imagée, une notion abstraite, telles l'amitié, l'injustice, la quête amoureuse, etc.

Pour comprendre une allégorie, vous devez d'abord identifier l'abstraction que le locuteur tente d'illustrer de manière concrète, par exemple la condition humaine dans l'allégorie de la caverne de Platon (tirée de *La République*). Puis, demandez-vous ce que symbolise la description ou le récit présenté par le locuteur.

Exemples	Sens ou effets
« […] quiconque entend ces paroles et les met en pratique […] sera semblable à un homme prudent qui a bâti sa maison sur le roc. La pluie est tombée, les torrents sont venus, les vents ont soufflé et se sont jetés contre cette maison : elle n'est point tombée, parce qu'elle était fondée sur le roc. Mais quiconque entend ces paroles […] et ne les met pas en pratique sera semblable à un homme insensé qui a bâti sa maison sur le sable. La pluie est tombée, les torrents sont venus, les vents ont soufflé et ont battu cette maison, elle est tombée et sa ruine a été grande. » *La Bible*, Mathieu 7, versets 24-27.	Dans cette allégorie, la **prévoyance** et la **prudence** sont ici symbolisées par la construc-tion d'une maison. Érigée sur le roc (symbole de solidité et de durabilité), une maison résis-tera aux intempéries, ce qui n'est pas le cas d'un bâtiment érigé sur le sable (matière friable et instable). Ainsi, par ce récit symbolique, le locuteur attire l'attention sur l'importance d'avoir de bonnes fondations pour s'assurer un avenir meilleur (tonalité didactique).
« C'était un p'tit bonheur Que j'avais ramassé Il était tout en pleurs Sur le bord d'un fossé Quand il m'a vu passer Il s'est mis à crier : "Monsieur, ramassez-moi Chez vous amenez-moi […]" » Félix LECLERC, « Le p'tit bonheur », *Le P'tit Bonheur* (1950).	Le « p'tit bonheur » fait figure d'allégorie : tel un enfant abandonné au bord d'un fossé, il pleure et crie pour qu'un passant le ramasse. L'allégorie symbolise la **découverte du bonheur** tout simple, trouvé par hasard au moment où le locuteur ne s'y attendait pas.

Les figures de rapprochement d'éléments opposés : l'antithèse

Définition

L'antithèse consiste à rapprocher, au sein d'une phrase ou d'un ensemble de phrases, deux réalités de sens contraire.

DIFFÉRENCE AVEC L'OXYMORE : Dans l'antithèse, les éléments mis en opposition ne font pas partie d'un même groupe de mots ; ils sont disposés dans l'ensemble de la phrase.

Stratégie de repérage ou d'analyse

Pour repérer une antithèse, il faut chercher des éléments qui semblent s'opposer : la beauté/la laideur, le bon/le mauvais, le sombre/le clair, la cruauté/l'amabilité, etc.

Pour comprendre le sens d'une antithèse, demandez-vous quel contraste cette opposition permet de faire ressortir.

Exemples	Sens ou effets
«Où vont tous ces enfants dont pas un seul ne rit? [...] Ils s'en vont travailler quinze heures sous des meules ; [...] **Innocents** dans un **bagne, anges** dans un **enfer**» Victor HUGO, «Melancholia», *Les Contemplations* (1856).	En écrivant que les enfants «innocents» sont des «anges» qui travaillent dans un «bagne» et dans un «enfer», le locuteur utilise deux antithèses pour **dénoncer une situation** qu'il juge aberrante et inacceptable puisqu'un être pur, incapable de commettre le mal, se retrouve dans un lieu où on isole les criminels et les pécheurs. La phrase négative *pas un seul ne rit* concourt elle aussi à susciter l'indignation, puisqu'elle exprime le malheur et la tristesse de tous ces enfants.
«Votre visage est passé sur ma vie À l'occasion d'un sourire **éternel** Qui n'a duré que l'amour d'un **instant**.» Gilles VIGNEAULT, «Votre visage est passé...», *Silences* (1957-1977).	L'antithèse fondée sur le contraste entre *éternel* et *instant* permet au locuteur de **complimenter sa destinataire** en lui signifiant à quel point il a été marqué par sa rencontre : il se souviendra toujours de son sourire, qui n'a pourtant duré qu'un bref moment.
«[...] même **géants Tout petits** nous sommes.» Pierre LAPOINTE, «Tel un seul homme», *Pierre Lapointe* (2004).	En affirmant que les hommes sont à la fois géants et petits, le locuteur illustre **la complexité de la nature humaine,** qui est faite de qualités et de défauts, de grandeurs et de petitesses. Le déplacement de l'expression *tout petits* en tête de vers contribue d'ailleurs à mettre en évidence cette opposition.

Les figures de rapprochement d'éléments opposés : l'oxymore

Définition

L'oxymore consiste à rapprocher, dans un même groupe de mots, deux termes ou expressions de sens contraires pour désigner une seule réalité.

DIFFÉRENCE AVEC L'ANTITHÈSE : Dans l'oxymore, les mots en opposition sont étroitement associés.

Stratégie de repérage ou d'analyse

Pour repérer un oxymore, il faut chercher des mots liés syntaxiquement (nom/complément du nom, verbe/complément du verbe, adjectif/complément de l'adjectif, etc.) dont le sens est opposé, mais qui désignent une seule réalité.

Pour comprendre le sens d'un oxymore, demandez-vous quelle contradiction cette alliance de mots permet d'exprimer.

Exemples	Sens ou effets
«Ce premier monde était **une forme sans forme** Une pile confuse, un mélange difforme» Guillaume DU BARTAS, «Un chaos de chaos», *La Semaine* (1578).	Le fait d'affirmer par un oxymore que la «forme» du monde était «sans forme» illustre le **chaos** des premiers jours de l'univers. L'<u>énumération</u> *une forme sans forme, une pile confuse, un mélange difforme* accentue cet effet.
«Candide, qui tremblait comme un philosophe, se cacha du mieux qu'il put pendant cette **boucherie héroïque.**» VOLTAIRE, *Candide* (1759).	Par l'oxymore qui qualifie d'«héroïques» les «boucheries» guerrières, où on abat des hommes comme du bétail, le locuteur **critique l'opinion** de ceux qui perçoivent les militaires comme des héros, alors que, selon lui, ils ne sont que des bouchers de chair humaine.
«[Boule de suif] se sentait noyée dans le mépris de ces **gredins honnêtes** [...].» Guy de MAUPASSANT, *Boule de suif* (1880).	L'oxymore *gredins honnêtes* met en lumière l'**hypocrisie** des personnages fourbes, qui cachent leur véritable nature derrière le masque de l'honnêteté.
«[Ma main droite] façonna une boule trempée dans la sauce... Elle la porta à ma bouche... Je mastiquai... Oh! C'était **douloureux d'une manière exquise.**» Yann MARTEL, *Histoire de Pi* (2001).	Par cet oxymore, le locuteur associe la douleur au délice pour décrire la **complexité de la situation**: le fait de manger pour la première fois depuis plusieurs jours lui fait ressentir à la fois de la souffrance et du plaisir. La présence de points de <u>suspension</u> permet d'ailleurs d'imaginer la lenteur et la solennité avec lesquelles le locuteur déguste son repas.

Les figures de substitution : la métonymie

Définition

La métonymie consiste à remplacer un terme par un autre, avec lequel il entretient un lien logique (cause/effet, contenant/contenu, etc.)[1]. Par exemple, dans l'expression «être bien sous son toit», le toit, qui ne représente normalement qu'une partie de la maison, est ici employé pour représenter la maison tout entière.

DIFFÉRENCE AVEC LA PÉRIPHRASE : La métonymie consiste à remplacer un terme par un autre qui a un lien logique avec lui, alors que la périphrase consiste à remplacer un terme par une expression qui a le même sens.

Stratégie de repérage ou d'analyse

La métonymie se reconnaît par la présence d'un mot ou d'une expression qui, dans le contexte, ne peut être pris au pied de la lettre. Ce mot ou cette expression désigne en fait une autre réalité qui est proche de la première par un lien logique déterminé. Par exemple, on peut employer le nom d'un auteur (J'ai lu *Balzac*) pour désigner son œuvre (J'ai lu *l'œuvre de Balzac*). Ainsi, pour reconnaître une métonymie, demandez-vous si elle permet de désigner un personnage par l'une de ses qualités, une cause par sa conséquence, un contenant par son contenu, etc.

Pour comprendre le sens de la métonymie, demandez-vous sur quel aspect particulier de la réalité désignée le locuteur tente de mettre l'accent et dans quel but.

Exemples	Sens ou effets
«BÉRÉNICE – Hé bien! régnez, **cruel**; contentez votre gloire.» Jean RACINE, *Bérénice* (1670).	En employant l'adjectif *cruel* pour interpeller Titus, Bérénice montre qu'elle ne retient de cet homme qu'une de ses caractéristiques : celle de la cruauté dont il fait preuve envers elle. Cette métonymie (qualité/personnage) illustre le **rapport tendu** entre les personnages, rapport également marqué par l'interjection de dépit *Hé bien!*.
«Moi, **mes souliers** Ont beaucoup voyagé Ils m'ont porté de l'école à la guerre.» Félix LECLERC, «Moi, mes souliers», *Le P'tit Bonheur* (1950).	L'utilisation de la métonymie *mes souliers* pour désigner le locuteur (partie/tout) **met l'accent sur le mouvement**, le déplacement de ce dernier, comme si c'était grâce à ses chaussures qu'il avait accumulé une si grande expérience de vie.
«**L'été** sur mes joues» Claude DUBOIS, «Laisser l'été avoir quinze ans», *Face à la musique* (1985).	La métonymie vient du fait que le locuteur emploie *l'été* pour désigner la chaleur du soleil (général/particulier). Il met ainsi en valeur une **sensation de bien-être** qu'il semble avoir ressenti tout au long de l'été de ses quinze ans.

---

1. Il y a autant de types de métonymie que de liens logiques possibles entre les mots. La synecdoque consiste notamment à établir un rapport d'inclusion entre deux éléments (le tout/la partie, le générique/le spécifique, le singulier à valeur de pluriel, etc.).

Les figures de substitution : la périphrase

Définition

La périphrase consiste à substituer à un terme une expression qui le décrit ou qui l'évoque. Par exemple, en parlant du soleil, on pourrait employer la périphrase *l'astre qui nous éclaire et nous réchauffe*.

DIFFÉRENCE AVEC LA MÉTONYMIE : La périphrase permet de désigner un élément, alors que la métonymie permet d'établir des liens logiques entre deux réalités.

Stratégie de repérage ou d'analyse

Pour repérer une périphrase, tentez de simplifier les propos de l'auteur en remplaçant par un seul mot l'expression trouvée.

Pour comprendre le sens de la périphrase, demandez-vous sur quel aspect particulier de la réalité désignée le locuteur tente de mettre l'accent et dans quel but.

Exemples	Sens ou effets
« MAGDELON – [...] Vite venez nous tendre ici dedans **le conseiller des grâces**. MAROTTE – Par ma foi, je ne sais point quelle bête c'est là : il faut parler chrétien, si vous voulez que je vous entende. CATHOS – Apportez-nous le **miroir**. » MOLIÈRE, *Les Précieuses ridicules* (1659).	L'emploi de la périphrase *conseiller des grâces*, pour désigner un miroir, témoigne de la volonté de Magdelon de se démarquer de ses semblables en tentant d'employer un langage savant, plus recherché. Or, cette expression ampoulée illustre davantage le **ridicule de sa démarche** que son raffinement. Le contraste entre la langue soutenue de Magdelon et la langue courante de Cathos accentue la tonalité comique de cette scène.
« Dans les terres, de nuit baignées, Je contemple, ému, les haillons D'un vieillard qui jette à poignées **La moisson future** aux sillons. » Victor HUGO, « Saison des semailles, le soir », *Les Chansons des rues et des bois* (1865).	En désignant les semences par la périphrase *la moisson future*, le locuteur exprime tout l'**espoir** du pauvre vieillard, qui trouve sa force en voyant déjà le fruit de son travail. En fait, ce vieillard symbolise, dans une allégorie, l'immense pouvoir d'espérance qui anime les hommes : même s'il ne verra peut-être jamais le fruit de ce qu'il sème, il s'accroche à ses rêves, à son avenir.
« [...] la fille que j'aimerai au point de **lui glisser un jonc dans le doigt**, je lui serai fidèle de la tête aux pieds [...]. » Gratien GÉLINAS, *Tit-Coq* (1948).	Au lieu de simplement utiliser le mot *épouser*, le locuteur emploie une périphrase qui décrit le geste symbolisant l'union entre les deux époux. Pour Tit-Coq, cet engagement envers sa future femme est très important. On peut également percevoir l'**importance de cet engagement** dans l'hyperbole *je lui serai fidèle de la tête aux pieds*.

Les figures de substitution : l'euphémisme

Définition

L'euphémisme consiste à remplacer une réalité désagréable, choquante ou perçue négativement par une expression adoucie. Par exemple, on emploie l'expression *troisième âge* ou *âge d'or* pour désigner la vieillesse, ou bien l'expression *non-voyant* pour parler d'un aveugle.

DIFFÉRENCE AVEC LA LITOTE : L'euphémisme est toujours employé pour parler d'une réalité déplaisante, ce qui n'est pas nécessairement le cas d'une litote. De plus, l'euphémisme vise à amoindrir une réalité pour ne pas choquer, alors que la litote vise plutôt à renforcer une idée.

Stratégie de repérage ou d'analyse

L'euphémisme se distingue par une formulation « politiquement correcte », qui remplace une expression jugée plus crue. Il permet ainsi de parler de réalités déplaisantes, telles que la mort, la vieillesse, la maladie, les sujets tabous ou immoraux, etc.

Pour comprendre le sens d'un euphémisme, demandez-vous pourquoi le locuteur cherche à amoindrir son idée. Est-ce par délicatesse ? par timidité ? par pudeur ? par respect de la bienséance ?, etc.

Exemples	Sens ou effets
« Le temps s'en va, le temps s'en va, ma Dame, Las ! Le temps non, mais **nous nous en allons** Et tôt serons **étendus sous la lame**[1]. » Pierre de RONSARD, « Je vous envoie un bouquet... », *Continuation des Amours* (1555).	L'euphémisme *nous nous en allons*, pour signifier « nous vieillissons », permet au locuteur de **rappeler avec douceur** que sa dame et lui ne sont que de passage sur terre. De même, l'euphémisme *étendus sous la lame* est une **façon adoucie** de parler de la mort.
« **Je rentre en retard**, je sais 18 ans de retard, c'est vrai. » Jean-Loup DABADIE, « L'Italien », interprétée par Serge REGGIANI (1975).	Le locuteur emploie l'expression *rentrer en retard* pour dire qu'il revient chez lui après 18 ans d'absence. L'euphémisme illustre son **malaise** et lui permet de contourner une réalité déplaisante pour la personne à qui il s'adresse.
« Il **offrit son corps en silence** au démon qui suit le courant. » Michel RIVARD, « L'oubli », *Le Goût de l'eau et autres chansons naïves* (1992).	Par l'emploi de l'euphémisme, le locuteur parle avec **pudeur** du suicide du personnage, décrivant son geste comme une offrande au cours d'eau.

---

1. *Lame* : pierre tombale.

Les figures de substitution : la litote

Définition

La litote consiste à renforcer une idée en la remplaçant par une expression atténuée, par exemple affirmer « Il n'est pas laid » pour signifier « Il est beau ».

DIFFÉRENCE AVEC L'EUPHÉMISME : Contrairement à l'euphémisme, la litote exprime souvent une idée plaisante ou agréable. De plus, la litote est employée pour faire ressortir une idée, alors que l'euphémisme vise plutôt à l'amoindrir pour ne pas choquer. Autre distinction à souligner, la litote est souvent formulée dans une phrase de forme négative, ce qui n'est pas le cas de l'euphémisme.

Stratégie de repérage ou d'analyse

La litote se distingue par sa forme généralement négative et par l'intention du locuteur de renforcer une idée en l'exprimant faiblement par rapport à la réalité.

Pour comprendre le sens d'une litote, demandez-vous quelle idée le locuteur cherche à renforcer et dans quel but.

Exemples	Sens ou effets
« On s'étonnera de voir tant d'aveuglement pour les choses du ciel en un **peuple qui ne manque point de raison et de lumière pour celles de la terre** ; c'est de leurs vices et leurs brutalités leur ont mérité envers Dieu. » Jean de BRÉBEUF, *Écrits en Huronie* (1636).	En affirmant par une litote que les Hurons « ne manqu[ent] point » de raison et de lumière pour les choses de la terre, le locuteur signifie en fait que ce peuple a une **excellente connaissance de la nature.** Cette figure permet de mieux faire ressortir leur ignorance pour les choses du ciel (la religion). L'opposition entre les <u>termes mélioratifs</u> (*raison, lumière*) et les <u>termes péjoratifs</u> (*aveuglement, vices, brutalités*) contribue à amplifier cet effet.
« Quand nous étions à Mistassini, dit la mère Chapdelaine, voilà de ça sept ans, ça [François Paradis] n'était encore qu'une jeunesse, mais fort et adroit pas mal, déjà aussi grand comme il est là..., je veux dire comme il était... l'été dernier, quand il est venu icitte. **C'était difficile de ne pas l'aimer.** » Louis HÉMON, *Maria Chapdelaine* (1914-1921).	En affirmant qu'il était « difficile de ne pas aimer [François] », la mère Chapdelaine cherche plutôt à exprimer le fait qu'il était « facile de l'aimer ». La litote lui permet ainsi de mettre en valeur le **caractère particulièrement attachant** du personnage.
« **C'est pas facile** quand Isabelle te laisse tomber **Y'a pas de quoi rire** quand Isabelle te fait marcher. » Jean LELOUP, « Isabelle », *L'Amour est sans pitié* (1990).	En employant les litotes *C'est pas facile* et *Y'a pas de quoi rire*, locuteur veut, en fait, affirmer que sa situation est difficile et qu'il y a de quoi pleurer. Paradoxalement, en atténuant la réalité, le locuteur **met sa souffrance en évidence.**

Les figures de substitution : l'antiphrase

Définition

L'antiphrase est une expression ironique qui consiste à remplacer ce que l'on veut dire par le contraire.

> Attention ! L'antiphrase n'est pas un mensonge, parce que, lorsqu'une personne ment, elle veut que l'on croie ce qu'elle dit, alors que quelqu'un qui emploie une antiphrase veut que l'on comprenne le contraire de ce qu'il affirme.

Stratégie de repérage ou d'analyse

Dans certaines antiphrases, on remarquera des adverbes ou des locutions qui expriment une évidence (*vraiment, bien entendu, comme chacun sait, évidemment…*) ou des adverbes d'intensité (*tant, trop…*). On pourra noter également des exclamations qui représentent tout le contraire de ce que l'on doit comprendre ou des preuves ridicules qui créent des raisonnements absurdes. Pour repérer une antiphrase, vous devez saisir le contexte dans lequel le locuteur s'exprime, le ton qu'il utilise et l'intention qu'il a envers la personne à qui il s'adresse. Vous devez aussi vous demander si sa position est vraisemblable, si elle est logique dans le contexte.

Pour comprendre le sens d'une antiphrase, demandez-vous ce qu'elle apporte de plus à l'énoncé. Permet-elle au locuteur d'accentuer son propos ? Dans quel but ? Vise-t-elle à faire rire, à déranger, à critiquer, à choquer, à toucher, à faire réfléchir le destinataire, etc. ?

Exemples	Sens ou effets
« Que d'**amis**, que de **parents** naissent en une nuit au nouveau ministre ! » Jean de LA BRUYÈRE, « De la cour », *Les Caractères* (1688).	Par la <u>phrase exclamative</u>, le locuteur feint d'être étonné de voir qu'un nouveau ministre devient vite entouré de « parents » et d'« amis ». En réalité, cette antiphrase insinue qu'il est courant de voir apparaître dans l'entourage d'un homme de pouvoir beaucoup de gens qui cherchent à tirer profit de celui-ci. Cette figure d'ironie permet au locuteur de **dénoncer** la situation.
« Monsieur le baron était **un des plus puissants** seigneurs de la Vestphalie, **car son château avait une porte et des fenêtres.** » VOLTAIRE, *Candide* (1759).	En déclarant que le fait de posséder un château avec une porte et des fenêtres est un signe de grande puissance (raisonnement absurde), le locuteur **ridiculise le personnage**, qui se croit important alors qu'il ne l'est pas.
« **Je suis gai ! je suis gai !** Dans le cristal qui chante, Verse, verse le vin ! verse encore et toujours, Que je puisse oublier la tristesse des jours, Dans le dédain que j'ai de la foule méchante ! » Émile NELLIGAN, « La romance du vin », *Œuvre* (1903).	En affirmant qu'il est « gai », c'est-à-dire joyeux, le locuteur dit le contraire de ce qu'il pense puisque cet état d'esprit est invraisemblable dans un contexte où il boit pour « oublier la tristesse des jours » et où il est confronté à une « foule méchante ». L'antiphrase crée un effet d'ironie qui **accentue l'ampleur de sa tristesse**.

Les figures d'amplification et d'insistance : l'hyperbole

Définition

L'hyperbole est l'expression exagérée d'une réalité, dans le but de lui donner plus de force.

Stratégie de repérage ou d'analyse

Pour repérer une hyperbole, il faut chercher des traces de «démesure», en notant l'emploi d'adverbes d'intensité (*si, trop, tant…*), de déterminants quantitatifs (*tous les, des milliers, une multitude…*), de structures comparatives (*plus… que, moins… que,* etc.) ou de termes employés au sens figuré et qui représentent des images fortes comme la mort, l'éternité, l'abondance.

Pour comprendre le sens d'une hyperbole, demandez-vous quelle idée est formulée par l'auteur et pourquoi il l'amplifie. Est-ce pour convaincre quelqu'un, pour faire réagir, pour critiquer, pour impressionner, pour faire rire, etc. ?

Exemples	Sens ou effets
«La pluie nous a débués et lavés, Et le soleil desséchés et noircis ; Pies, corbeaux nous ont les yeux cavés Et arraché la barbe et les sourcils. [...] **Plus becquetés d'oiseaux que dés à coudre.**» François VILLON, «La Ballade des pendus», *Œuvres* (1489).	En affirmant que les pendus sont «plus» troués «que dés à coudre», le locuteur illustre l'état pitoyable des pendus. Par cette hyperbole, il cherche à **susciter la pitié** des lecteurs. Il y parvient également par l'emploi des participes passés à <u>valeur péjorative</u> (*débués, desséchés, noircis, cavés, arraché*).
«Elle est partie Tout est fané Et je m'ennuie **Moi qui pour elle** **Avais cueilli** **Le Monde**» Gilles VIGNEAULT, «J'ai fait un bouquet…», *Silences* (1957-1977).	En écrivant de façon hyperbolique qu'il avait cueilli pour sa dame quelque chose d'aussi vaste que «le Monde» (employé au <u>sens figuré</u>), le locuteur affirme qu'il avait fait l'impossible pour elle, ce qui montre l'**ampleur de son amour**. Ce procédé, combiné au <u>pronom</u> de la première personne du singulier, contribue à donner une <u>tonalité lyrique</u> au poème.
«À la première gorgée, il se leva : – Impossible d'avaler ce **jus de chaussette**, fit-il à demi étouffé.» Yves BEAUCHEMIN, *Le Matou* (1981).	En amplifiant l'état répugnant du café, qui est comparé à du «jus de chaussette» (<u>sens figuré</u>), le personnage montre l'**extrême dégoût** que lui inspire cette boisson. L'expression rapportée en style direct témoigne du caractère burlesque du personnage, qui emploie des images amusantes et, surtout, évocatrices pour se faire comprendre (<u>tonalité comique</u>).

Les figures d'amplification et d'insistance : l'énumération et l'accumulation

Définitions

L'énumération est une suite de mots ou de groupes de mots qui sont de même catégorie grammaticale.

L'accumulation, quant à elle, est une énumération de mots ou de groupes de mots qui représentent une même réalité.

DIFFÉRENCE ENTRE L'ÉNUMÉRATION ET L'ACCUMULATION : Les termes qui composent une énumération ne représentent pas nécessairement une même réalité, contrairement à l'accumulation.

DIFFÉRENCE AVEC LA GRADATION : Contrairement à la gradation, l'énumération et l'accumulation ne suivent pas de progression croissante ou décroissante.

Stratégie de repérage ou d'analyse

L'énumération et l'accumulation se distinguent par une suite de plusieurs groupes de mots de même classe (nom, verbe, adjectif, etc.) ou de même fonction syntaxique (sujet, complément, etc.).

Étant donné qu'elles sont généralement employées pour amplifier un phénomène ou une idée, demandez-vous si l'énumération et l'accumulation produisent un effet de lourdeur, d'infini, de précision ; un effet comique, dramatique, pathétique, etc.

Exemples	Sens ou effets
«CHŒUR DES FEMMES – Là, là, j'travaille comme une enragée, jusqu'à midi. J'lave. **Les robes, les jupes, les bas, les chandails, les pantalons, les canneçons, les brassières,** tout y passe ! **Pis frotte, pis tord, pis refrotte, pis rince…**» Michel TREMBLAY, *Les Belles-sœurs* (1968).	Par l'accumulation de noms de vêtements à laver et de verbes d'actions à accomplir, les femmes témoignent de la **lourdeur de leurs tâches**, qui semblent interminables. La répétition du coordonnant *pis* (*puis*) contribue à accentuer cet effet, comme s'il avait toujours de nouvelles tâches à accomplir.
«PÈRE SAINT-MICHEL – Le clergé [...] ne veut voir [au théâtre] que des saints et des saintes qui se font **lapider, égorger, empaler, brûler, couper en morceaux** ; servis en amuse-gueule avec des sauces épicées.» Michel-Marc BOUCHARD, *Les Feluettes* (1985-1986).	Par l'accumulation de verbes illustrant la souffrance des martyrs, le personnage témoigne de l'**attrait du clergé pour tous les épisodes morbides de l'histoire religieuse**, dont il semble se délecter. Cette tonalité comique est amplifiée par la métaphore «servis en amuse-gueule avec des sauces épicées».
«Le député se releva, fit deux pas en s'écartant de Mario [...] et lui dit d'une voix suffisamment forte pour que nul n'en perde rien : – J'ai entendu dire que tu t'adonnes à la poésie ? On raconte que tu fais concurrence à Pablo Neruda. Les éclats de rire des pêcheurs explosèrent aussi fort que la rougeur de sa peau : il se sentit **étranglé, interloqué, asphyxié, abasourdi** [...].» Antonio SKARMETA, *Une ardente patience* (1985).	L'accumulation d'adjectifs qualifiant l'état de choc du personnage met en lumière, de manière comique, son **embarras**. Son malaise est également exprimé par une comparaison («les éclats de rire des pêcheurs explosèrent aussi fort que la rougeur de sa peau»).

Les figures d'amplification et d'insistance : la gradation

Définition

La gradation est une énumération dans laquelle les mots ou groupes de mots sont disposés dans un ordre de progression croissante ou décroissante.

DIFFÉRENCE AVEC L'ÉNUMÉRATION ET L'ACCUMULATION : Contrairement à l'énumération et à l'accumulation, la gradation suit une progression ordonnée.

Stratégie de repérage ou d'analyse

La gradation se distingue généralement par une suite de trois groupes de mots de même catégorie qui représentent une même idée. Ils sont organisés du plus petit au plus grand ou du plus grand au plus petit, la dernière expression étant quelquefois hyperbolique, par exemple : *Il est petit, minuscule, microscopique.*

Pour comprendre une gradation, demandez-vous ce que cette figure permet d'illustrer. Étant donné qu'elle est employée généralement pour amplifier un phéno-mène ou une idée, tentez de déterminer, avec plus de précision, l'effet que la gradation produit. Est-ce un effet d'empressement, de panique, de désespoir, de ravissement, de découragement, etc. ?

Exemples	Sens ou effets
«DON DIÈGUE – **Va, cours, vole** et nous venge.» Pierre CORNEILLE, *Le Cid* (1637).	La gradation de verbes à l'<u>impératif</u> illustre l'**empressement** du personnage, qui souhaite que son fils, à qui il s'adresse, venge immé-diatement l'affront qu'il a subi. D'ailleurs, l'<u>allitération</u> de consonnes fricatives (*va, vole, venge*), qui rappelle le son du vent, contri-bue de façon sonore à illustrer cet empresse-ment.
«HARPAGON – [...] mon pauvre argent, mon pauvre argent, mon cher ami! on m'a privé de toi [...] **je me meurs, je suis mort, je suis enterré.**» MOLIÈRE, *L'Avare* (1668).	La gradation de courtes phrases illustre le **désespoir** de l'avare qui, croyant avoir perdu son argent, se sent complètement anéanti. La <u>personnification</u> de l'argent («mon cher ami») montre d'ailleurs l'importance qu'Harpagon lui accorde : c'est sa raison de vivre.
«Aimant l'amour. En vérité, la lumière m'éblouit. J'en garde assez en moi pour regarder **la** nuit, **toute la** nuit, **toutes les** nuits.» Paul ÉLUARD, «La dame de carreau», *Les Dessous d'une vie ou la Pyramide humaine* (1926).	La gradation dans l'emploi des <u>déterminants</u> (*la, toute la, toutes les*) montre, de manière croissante, l'**intensité de l'éblouissement** du poète. Ici, la lumière et la nuit jouent un rôle symbolique : le poète sous-entend qu'il a assez d'amour et de bonheur en lui pour pouvoir résister aux moments plus durs de l'existence (<u>connotation</u> de la nuit).

Les figures d'amplification et d'insistance : la répétition et l'anaphore

Définitions

La répétition consiste simplement à répéter un mot ou un groupe de mots.

L'anaphore est la répétition insistante d'un mot ou d'un groupe de mots en tête de phrase, de vers, de paragraphe ou de strophe.

Stratégie de repérage ou d'analyse

La répétition et l'anaphore sont faciles à repérer puisque les mots ou les groupes de mots sont repris sous la même forme.

Pour comprendre le sens d'une répétition ou d'une anaphore, demandez-vous ce que le locuteur cherche à exprimer avec autant d'insistance et dans quel but.

Exemples	Sens ou effets
« **Vous qui** pleurez, venez à ce Dieu, car il pleure. **Vous qui** souffrez, venez à lui, car il guérit. **Vous qui** tremblez, venez à lui, car il sourit. **Vous qui** passez, venez à lui, car il demeure. » Victor HUGO, « Écrit au bas d'un crucifix », *Les Contemplations* (1856).	Par l'anaphore, le locuteur veut montrer que Dieu peut donner du réconfort à **tous les hommes**, quelle que soit leur misère (qu'ils pleurent, souffrent, tremblent ou passent). Cet aspect est également appuyé par l'opposition entre les <u>verbes</u> (*souffrez/guérit*, *tremblez/sourit*, *passez/demeure*).
« Intérieur bourgeois **anglais**, avec des fauteuils **anglais**. Soirée **anglaise**. M. Smith, **Anglais**, dans son fauteuil **anglais** et ses pantoufles **anglaises**, fume sa pipe **anglaise** et lit un journal **anglais**, près d'un feu **anglais**. » Eugène IONESCO, didascalie, *La Cantatrice chauve* (1950).	Dans cette didascalie, la répétition de l'<u>adjectif</u> *anglais* plonge le lecteur dans un univers absurde, puisque tous les éléments de la scène sont prétendument caractérisés par leur nationalité anglaise, même le feu ! Employé à outrance, l'adjectif perd son sens, car il ne joue plus adéquatement son rôle, ce qui crée l'**effet absurde et comique** (<u>tonalité comique</u>).
« Elle disait : J'ai déjà **trop** marché. Mon cœur est déjà **trop** lourd de secrets, **Trop** lourd de peines. » Francis CABREL, « C'était l'hiver », *Les Chemins de traverse* (1987).	La répétition de l'<u>adverbe</u> d'intensité *trop* exprime un **sentiment d'excès** de vivre, d'accablement. L'expression de ce sentiment personnel, combiné à la présence de marques de la première personne (<u>pronom</u> personnel et <u>déterminant</u> possessif), contribue à créer une <u>tonalité lyrique</u>.
« T'es **tell'ment tell'ment tell'ment** belle » Richard DESJARDINS, « Tu m'aimes-tu ? », *Tu m'aimes-tu ?* (1990).	Par la répétition de l'<u>adverbe</u> d'intensité, le locuteur cherche à **complimenter** sa destinataire en lui signifiant à quel point elle est belle à ses yeux.

Les figures d'amplification et d'insistance : le pléonasme

Définition

Le pléonasme est une reprise volontaire d'une idée ou d'un concept en d'autres mots.

Stratégie de repérage ou d'analyse

Le pléonasme se distingue par une reprise qui semble redondante mais qui est porteuse de sens.

> Attention ! Il n'est pas question ici du pléonasme fautif qui relève d'une maladresse de langage, comme c'est le cas pour l'expression *monter en haut*, par exemple.

Étant donné qu'un pléonasme permet généralement d'insister sur un phénomène, demandez-vous ce que cette reprise cherche à mettre en relief.

Exemples	Sens ou effets
« QUASIMODO – Jamais je n'ai vu ma laideur comme à présent. Quand je me compare à vous, j'ai bien pitié de moi, **pauvre malheureux** monstre que je suis ! » Victor HUGO, *Notre-Dame de Paris* (1831).	Le pléonasme illustre le désespoir du personnage qui, en plus d'être malheureux, est aussi pitoyable, ce qui **amplifie son affliction.** En insistant sur son triste sort, Quasimodo tente d'attirer la compassion d'Esméralda, la belle à qui il s'adresse et dont il est amoureux, comme en témoigne la <u>phrase exclamative</u>.
« TIT-COQ – [...] **lui, il** sera un enfant propre, en dehors et en dedans. Pas une trouvaille de ruelle comme moi ! » Gratien GÉLINAS, *Tit-Coq* (1948).	La reprise du <u>pronom</u> permet à Tit-Coq de **mettre en relief la différence** entre le statut de son futur fils (« lui, il ») et son propre statut. Son fils sera « propre », c'est-à-dire légitime, alors que lui a été une « trouvaille de ruelle », expression employée au <u>sens figuré</u> pour signifier un enfant bâtard abandonné. Les <u>adverbes</u> de lieu « en dehors et en dedans » mettent également l'accent sur l'importance de la légitimité de l'enfant pour Tit-Coq.
« [Chloé] agita la tête pour repousser en arrière ses cheveux frisés et brillants, et appliqua, d'un geste ferme et déterminé, sa tempe sur la joue de Colin. Il se fit un abondant silence à l'entour, et la majeure partie du reste du monde se mit à compter pour du beurre. Mais, comme il fallait s'y attendre, le disque s'arrêta. Alors, seulement, Colin revint à la **vraie réalité** [...]. » Boris VIAN, *L'Écume des jours* (1963).	Le pléonasme *vraie réalité* révèle que le personnage de Colin, envoûté par Chloé et par la danse, a été **transporté dans une autre réalité** pendant un instant, celle du bonheur absolu, de l'amour naissant. Pendant que le disque jouait, rien d'autre ne comptait à part Chloé et lui, comme en témoigne l'<u>hyperbole</u> *la majeure partie du reste du monde se mit à compter pour du beurre.*

Les figures syntaxiques : le parallélisme

Définition

Le parallélisme consiste à mettre en parallèle deux énoncés de même construction syntaxique.

Stratégie de repérage ou d'analyse

Contrairement au chiasme construit selon le modèle A B B A, le parallélisme correspond au modèle A B A B. Par exemple, dans cette citation de François-René de Chateaubriand, A représente le sujet et B, son attribut :

« Plus le visage est sérieux, plus le sourire est beau. »
    A   B   A   B

Pour comprendre le sens d'un parallélisme, demandez-vous ce que cette mise en parallèle fait ressortir de différent ou de similaire.

Exemples	Sens ou effets
« CLÉONTE – Après tant de sacrifices ardents, de soupirs, et de vœux que j'ai faits à ses charmes ! COVIELLE – Après tant d'assidus hommages, de soins et de services que je lui ai rendus dans sa cuisine ! CLÉONTE – **Tant de larmes que j'ai versées à ses genoux** ! COVIELLE – **Tant de seaux d'eau que j'ai tirés au puits pour elle** ! » MOLIÈRE, *Le Bourgeois gentilhomme* (1670).	Dans cet extrait, les deux personnages se plaignent de l'abandon de leurs fiancées. Or, pour s'exprimer, le serviteur (Covielle) reprend exactement la même formulation que son maître (Cléonte), qu'il transpose à sa réalité. Au lieu de parler des larmes qu'il a versées, il parle davantage des seaux d'eau qu'il a puisés pour sa bien-aimée. Le parallélisme met donc en lumière, de manière burlesque, le fait que les deux **personnages vivent une même situation, qu'ils perçoivent de manière bien différente**. Les deux premières répliques sont d'ailleurs elles aussi construites selon le même modèle, ce qui amplifie la tonalité comique.
« **Vienne la nuit sonne l'heure Les jours s'en vont je demeure.** » Guillaume APOLLINAIRE, « Le Pont Mirabeau », *Alcools* (1913).	Le premier parallélisme fait ressortir la **similitude** entre deux phénomènes attribuables au temps qui passe (la nuit qui vient et l'heure qui sonne). Cette similitude fait ressortir l'**opposition** qui se trouve dans le deuxième parallélisme (le locuteur « demeure » alors que les jours « s'en vont »).
« Dans une petite ville **Il y avait la famille, les amis, les voisins,** Ceux qui étaient comme nous Puis **il y avait les autres** **Les étrangers, l'étranger.** » Pauline JULIEN, « L'Étranger », *Au milieu de ma vie, peut-être à la veille de...* (1972).	Le parallélisme **met en valeur le fossé** qui sépare les deux clans : d'un côté, les proches, ceux avec qui la locutrice a tissé des liens ; de l'autre, ceux qu'elle considère comme lointains, étrangers à elle.

Les figures syntaxiques : le chiasme

Définition

Le chiasme consiste à mettre en parallèle deux groupes de mots ou deux constructions syntaxiques analogues, mais inversés.

Stratégie de repérage ou d'analyse

Contrairement au parallélisme, qui suit le modèle A B A B, le chiasme comporte des éléments disposés selon un effet de miroir : A B B A. L'un des plus populaires est la fameuse réplique des *Trois mousquetaires* d'Alexandre Dumas :

« <u>Un</u> pour <u>tous</u>, <u>tous</u> pour <u>un</u>. »
  A   B   B   A

Pour comprendre le sens d'un chiasme, demandez-vous quels éléments sont rapprochés et dans quel but. De plus, étant donné que, dans un chiasme, les éléments s'opposent souvent, demandez-vous ce que cette opposition d'idées fait ressortir.

Exemples	Sens ou effets
« Ô Dieu, si mes péchés irritent ta fureur, Contrit, morne et dolent, j'espère en ta clémence. [...] **Je pleure le présent, le passé je regrette** » Mathurin RÉGNIER, « Ô Dieu, si mes péchés... » (1613).	Par le chiasme, le locuteur se présente comme un homme affligé, à la fois pour ses actions passées et son état présent. Cette figure montre sa **repentance** en créant une situation de symétrie entre le passé et le présent. Le locuteur tente donc de prouver la bonne foi de sa démarche dans le but de se faire pardonner. L'<u>énumération</u> *contrit, morne et dolent* contribue d'ailleurs à créer cet effet.
« [...] notre gentilhomme se donnait avec un tel acharnement à ses lectures qu'il y passait ses nuits et ses jours, **du soir** jusqu'au **matin** et du **matin** jusqu'au **soir**. Il dormait si peu et lisait tellement que son cerveau se dessécha et qu'il finit par perdre la raison. » Miguel CERVANTÈS, *Don Quichotte de la Manche* (1605).	Le chiasme permet au narrateur d'illustrer le fait que le personnage consacre tout son temps à la lecture, qu'il lit **sans relâche**. Cette idée est également appuyée par l'emploi des <u>adverbes</u> d'intensité *si* et *tellement*.
« SIGISMOND – [Je suis] un **homme** entre les **bêtes sauvages**, une **bête sauvage** entre les **hommes**. » Pedro CALDERÓN DE LA BARCA, *La Vie est un songe* (1627-1629).	Le chiasme permet ici au locuteur d'exprimer son **incompatibilité** avec le monde extérieur : sa nature humaine l'exclut du monde animal, alors que son caractère sauvage l'empêche de se sentir à l'aise avec le genre humain. Ce malaise est d'ailleurs marqué par l'opposition entre les <u>déterminants</u> singuliers (qui le représentent) et les déterminants pluriels (qui représentent les autres).

5 Procédés musicaux

Introduction

Les procédés musicaux sont les procédés qui créent la musicalité du texte. Cette musicalité naît du rythme et de la sonorité des mots.

Dans la langue littéraire, les mots sont souvent choisis non seulement à cause du sens qu'ils véhiculent, mais aussi à cause de leur aspect sonore. La récurrence d'un même son (ou d'une même catégorie de sons) crée un effet d'harmonie et contribue à la musicalité du texte. Certains auteurs choisissent des mots dont les sonorités suggèrent une sensation, une émotion ou rappellent un son de la réalité (bruit des vagues, du train, de l'insecte, etc.). D'autres vont même jusqu'à inventer des mots dont les seuls sons suggèrent le sens. Dans un poème, il faut souvent accorder une attention particulière aux sons qui se trouvent à la rime. Quant au rythme, il est créé par la longueur des phrases, par les enjambements et par la combinaison des pauses et des accents.

Exemple

« SCAPIN – Bon. Imaginez-vous que je suis votre père qui arrive, et répondez-moi fermement, comme si c'était à lui-même. Comment, pendard, vaurien, infâme, fils indigne d'un père comme moi, oses-tu bien paraître devant mes yeux, après tes bons déportements, après le lâche tour que tu m'as joué pendant mon absence ? Est-ce là le fruit de mes soins, maraud ? est-ce là le fruit de mes soins ? le respect qui m'est dû ? le respect que tu me conserves ? Allons donc. Tu as l'insolence, fripon, de t'engager sans le consentement de ton père, de contracter un mariage clandestin ? Réponds-moi, coquin, réponds-moi. Voyons un peu tes belles raisons. Oh ! que diable ! vous demeurez interdit !

OCTAVE – C'est que je m'imagine que c'est mon père que j'entends. »
MOLIÈRE, *Les Fourberies de Scapin* (1671).

▮ Allitération
La forte concentration de consonnes occlusives dans cette phrase ajoute de la dureté au propos moralisateur du locuteur.

[ ] Rythme saccadé
L'ajout des deux compléments de phrase (« après tes bons déportements », « après le lâche tour [...] ») et des quatre mises en apostrophe (« pendard », « vaurien », « infâme », « fils indigne... ») allonge la phrase. Cette phrase allongée, ponctuée de multiples pauses, crée un rythme saccadé et lourd qui appesantit les reproches formulés par le locuteur.

Les sonorités : l'allitération

Définition

L'allitération consiste à répéter, à l'intérieur d'une phrase ou d'un ensemble de mots rapprochés, un son-consonne (ou un son appartenant à la même catégorie de sons-consonnes).

Stratégie de repérage ou d'analyse

Les consonnes[1] occlusives (p, t, k, b, d, g) peuvent évoquer une certaine dureté ; les fricatives (f, s, ch, v, z, j), la douceur ou la sensualité. Les nasales (m, n, gn) sont souvent associées au mystère, à la profondeur, aux atmosphères troubles et voilées. Les liquides (l, r) suggèrent la fluidité. De plus, une forte concentration de sons appartenant à la même catégorie, quelle qu'elle soit, peut créer un effet comique.

Pour saisir l'effet produit par une allitération, tentez de voir s'il y a un lien entre le propos ou l'atmosphère du texte et les sonorités qui s'y trouvent.

Exemples	Sens ou effets
« J'ai marché, réveillant les haleines vives et tièdes, et les pierreries regardèrent, et les ailes se levèrent sans bruit. » Arthur RIMBAUD, « Aube », *Illuminations* (1886).	La forte concentration de consonnes liquides dans cet extrait contribue à créer un **effet de légèreté, d'évanescence**. Cet effet est également exprimé par les mots relevant de ce <u>champ lexical</u> (*haleines*, *ailes*).
« Il l'emparouille et l'endosque contre terre ; Il le râle et le roupète jusqu'à son drâle. » Henri MICHAUX, « Le Grand Combat », *Qui je fus* (1927).	La forte présence de consonnes occlusives suggère la **brutalité**, permettant ainsi de suggérer le sens des mots, qui sont inventés (*emparouille*, *endosque*, *roupète*). Ces néologismes sont presque tous des <u>verbes</u> d'action, ce qui contribue à faire ressortir l'idée qu'il s'agit d'un combat.
« [...] son vieux papa l'attend [...] le père a une tête de vieux paysan il fume la pipe il est simple hélas hélas la pipe au papa du pape Pie pue [...] » Jacques PRÉVERT, « La crosse en l'air », *Paroles* (1936).	Le caractère inusité de la situation (le père du pape a l'allure d'un vieux paysan qui fume la pipe) crée un **effet déroutant et comique**. L'allitération en « p » accentue le comique de cette situation (<u>tonalité comique</u>).
« La porte s'ouvre sur une rousse Qui dit : "Entrez" de sa voix douce Et tu as presque la frousse. » MES AÏEUX, « Ta mie t'attend », *En famille* (2004).	Les consonnes fricatives accentuent la **sensualité** de l'événement, déjà marquée par la <u>connotation</u> des mots *rousse* et *voix douce*.

---

1. Il ne faut pas confondre la consonne que l'on voit (la lettre de l'alphabet) et la consonne que l'on entend. Par exemple, il faut savoir reconnaître la consonne occlusive *k* même si elle se présente sous la forme « qu » ou « c ».

Les sonorités : l'assonance

Définition

L'assonance consiste à répéter, à l'intérieur d'une phrase ou d'un ensemble de mots rapprochés, un son-voyelle (ou un son appartenant à la même catégorie de sons-voyelles).

Stratégie de repérage ou d'analyse

Les sons-voyelles sont variés en français (il y en a 16)[1], et il est difficile de les regrouper en catégories auxquelles on pourrait associer un sens. Retenons que les voyelles nasales (in, an, on, un), comme les consonnes nasales, suggèrent souvent le mystère, la profondeur ou les atmosphères troubles et voilées, et que les voyelles aiguës (i, é, u) sont souvent associées à la clarté. De plus, une forte concentration de sons appartenant à la même catégorie, quelle qu'elle soit, peut créer un effet comique.

Pour saisir l'effet produit par une assonance, tentez de voir s'il y a un lien entre le propos ou l'atmosphère du texte et les sonorités qui s'y trouvent.

Exemples	Sens ou effets
« Rose défit sa chaussure, Et mit d'un air ingénu, Son petit pied dans l'eau pure ; Je ne vis pas son pied nu. » Victor HUGO, « Vieille chanson du jeune temps », *Les Contemplations* (1856).	On note, dans cette strophe, une forte présence de voyelles aiguës, qui sonnent à l'oreille comme un cristal pur. Cette **pureté** du son fait écho à celle de l'eau et de la jeune fille, dont l'air est qualifié d'« ingénu » (dénotation).
« Voici venir le temps où vibrant sur sa tige Chaque fleur s'évapore ainsi qu'un encensoir ; Les sons et les parfums tournent dans l'air du soir ; Valse mélancolique et langoureux vertige ! » Charles BAUDELAIRE, « Harmonie du soir », *Les Fleurs du mal* (1857).	La forte présence de voyelles nasales contribue à créer une **atmosphère feutrée, intime**, qui correspond à celle de la soirée évoquée, soirée dont l'air semble combler les sens du locuteur (les sons et les parfums se confondent).
« [...] voyant parmi les hors-d'œuvre des filets de hareng, elle en prend machinalement en sanglotant, puis en reprend, pensant à l'amiral qui n'en mangeait pas si souvent de son vivant et qui pourtant les aimait tant. » Jacques PRÉVERT, « Tentative de description d'un dîner de têtes à Paris-France », *Paroles* (1936).	Dans cet extrait, la répétition de la voyelle nasale « an » crée une **tonalité comique**. Ici, le contenu est plutôt absurde : ce n'est pas tant le sens que la musicalité des mots qui est important.

---

1. Les sons-voyelles du français sont les suivants : *in, an, on, un ; i, é, u ; è, à, o, â, a, ou, e, œ, eu.*

Le rythme : la longueur des phrases

Définition

Dans un texte en prose comme dans un texte en vers[1], la longueur d'une phrase[2] dépend du nombre de mots qu'elle contient et de la longueur de ces mots.

Stratégie de repérage ou d'analyse

Les phrases courtes produisent un rythme rapide ou saccadé, propice à l'expression d'émotions vives ou troubles, d'actions brusques, d'événements soudains, etc. Les phrases longues et fluides créent un rythme lent, qui permet l'expression de la réflexion approfondie, de l'observation détaillée, de la rêverie, de sentiments d'ennui, etc.

Pour saisir l'effet produit par la longueur des phrases, demandez-vous quel lien peut être établi entre le sens du texte et son rythme. Le rythme correspond-il aux émotions exprimées ? à l'effet que le locuteur cherche à créer ? à l'atmosphère générale du texte ? etc.

Exemples	Sens ou effets
« HARPAGON – [...] Qui peut-ce être ? Qu'est-il devenu ? Où est-il ? Où se cache-t-il ? Que ferai-je pour le trouver ? Où courir ? Où ne pas courir ? N'est-il point là ? N'est-il point ici ? Qui est-ce ? Arrête ! » MOLIÈRE, *L'Avare* (1668).	La succession de phrases très courtes crée un rythme rapide qui, combiné aux multiples phrases interrogatives, montre l'état de **panique** d'Harpagon, l'avare, qui a pris conscience qu'on a volé son argent.
ARCAS – Il attend à l'autel pour la sacrifier. ACHILLE – Lui ! CLYTEMNESTRE – Sa fille ! IPHIGÉNIE – Mon père ! ÉRIPHILE – Ô ciel ! Quelle nouvelle ! » Jean RACINE, *Iphigénie* (1676).	L'échange vif est marqué par un alexandrin[3] découpé en courtes phrases. Ce découpage crée un rythme saccadé et accéléré, qui met en valeur le sentiment d'**indignation** exprimé par les phrases exclamatives.
« J'étais sur les six heures à la descente de Ménilmontant presque vis-à-vis du Galant Jardinier, quand des personnes qui marchaient devant moi s'étant tout à coup brusquement écartées je vis fondre sur moi un gros chien danois, qui, s'élançant à toutes jambes devant un carrosse, n'eut pas même le temps de retenir sa course ou de se détourner quand il m'aperçut. Je jugeai que le seul moyen que j'avais d'éviter d'être jeté par terre était de faire un grand saut si juste que le chien passât sous moi tandis que je serais en l'air. » Jean-Jacques ROUSSEAU, *Les Rêveries du promeneur solitaire* (1782).	Les longues phrases fluides créent un rythme lent. Cette lenteur fait ressortir une dimension de la personnalité du locuteur : fin observateur et soucieux du détail, il cherche à **rapporter fidèlement** ce qui lui est arrivé. La narration détaillée des événements est d'ailleurs marquée par la présence de nombreux compléments du nom.

---

1. Dans un poème, un vers est l'équivalent d'une ligne.

2. Une phrase est une unité généralement composée d'un sujet, d'un prédicat et, parfois, d'un complément de phrase. Certaines phrases à construction particulière ne contiennent aucun verbe conjugué. Entre la majuscule et le point, il est possible de coordonner ou de juxtaposer plusieurs phrases.

3. Un alexandrin est un vers qui contient 12 syllabes prononcées.

Le rythme : l'enjambement

Définition

L'enjambement consiste à ne pas faire coïncider la fin d'une phrase avec la fin du vers et d'en reporter une partie sur le vers suivant. Si l'élément rejeté sur le vers suivant est court, il porte le nom de rejet. Si, au contraire, la phrase commence à la fin d'un vers, ce court segment porte le nom de contre-rejet.

Stratégie de repérage ou d'analyse

L'enjambement peut créer un effet de continuité ou contribuer à donner de l'ampleur à un propos. La pause qui suit le rejet ou le contre-rejet accentue les mots qui se trouvent dans cette position, ce qui a pour effet de les mettre en relief.

Pour saisir l'effet produit par un enjambement, cherchez s'il y a des phrases qui courent sur plus d'un vers et demandez-vous si cette continuité est en lien avec ce qui est exprimé. Cherchez s'il y a des rejets ou des contre-rejets et réfléchissez à l'importance des mots qui sont ainsi mis en valeur.

Exemples	Sens ou effets
«ORESTE – Nous n'avons qu'à parler : c'en est fait. **Quelle joie** D'enlever à l'Épire une si belle proie!» Jean RACINE, *Andromaque* (1668).	Les mots *Quelle joie* en position de contre-rejet mettent en valeur l'**enthousiasme** d'Oreste, qui est persuadé que le roi d'Épire laissera partir sa proie, Hermione, la femme dont il est amoureux. Ce sentiment d'enthousiasme est aussi marqué par l'emploi de la <u>phrase exclamative</u>.
«Et son ventre et ses seins, ces grappes de ma vigne, **S'avançaient**, plus câlins que les Anges du mal [...]» Charles BAUDELAIRE, «Les Bijoux», *Les Fleurs du mal* (1857).	Le rejet du verbe *s'avançaient* montre que le regard du locuteur est particulièrement **attiré par ce rapprochement** du ventre et des seins.
«Ils vont, viennent, jamais fuyant, jamais lassés, Froissent le glaive au glaive et sautent les fossés, Et passent, au milieu des ronces remuées, Comme deux tourbillons et comme deux nuées.» Victor HUGO, «Le mariage de Roland», *La Légende des siècles* (1859).	Dans cet extrait, le locuteur raconte les prouesses (marquées par les nombreux <u>verbes</u> d'action) de deux chevaliers qui s'affrontent lors d'un duel. Le fait de laisser courir la phrase sur plusieurs vers donne du souffle au propos, **amplifie la puissance des combattants**.
«Un soldat jeune bouche ouverte, tête nue, Et la nuque baignant dans le frais cresson bleu, **Dort**; il est étendu dans l'herbe, sous la nue, Pâle dans son lit vert où la lumière pleut.» Arthur RIMBAUD, «Le Dormeur du val», *Poésies* (1870).	Le rejet du verbe *dort* met en valeur l'**idée de repos et de paix** exprimée dans le poème.

Le rythme : les pauses et l'accentuation

Définition

La lecture est toujours marquée par des pauses. Dans le cas d'un texte versifié, ces pauses portent le nom de coupes et on les trouve toujours après une syllabe accentuée (syllabe prononcée plus fortement). Dans un texte en prose comme dans un texte en vers, la ponctuation utilisée contribue à indiquer les pauses. La virgule marque une pause courte ; le point-virgule, le deux-points ou le tiret, une pause moyenne et les points ou les points de suspension, une pause longue.

Stratégie de repérage ou d'analyse

Dans un texte en prose, la ponctuation est un bon indicateur des pauses. Dans un texte en vers, il faut savoir repérer les accents (fixes et secondaires).

◆ Dans un **vers de huit syllabes ou moins**, on compte un accent fixe sur la dernière syllabe prononcée du vers et, parfois, un accent secondaire à la fin d'un groupe rythmique à l'intérieur du vers.

◆ Dans un **vers de plus de huit syllabes**, on compte deux accents fixes et, parfois, des accents secondaires. Dans le cas du décasyllabe, les accents fixes se trouvent sur la dernière syllabe prononcée du vers et sur la 4e ou sur la 6e syllabe prononcée (1-2-3-**4**-5-6-7-8-9-**10**) ou (1-2-3-4-5-**6**-7-8-9-**10**). Dans le cas d'un alexandrin, les accents fixes se trouvent sur la dernière syllabe prononcée du vers et sur la 6e ou sur les 4e et 8e syllabes prononcées (1-2-3-4-5-**6**-7-8-9-10-11-**12**) ou (1-2-3-**4**-5-6-7-**8**-9-10-11-**12**). Les accents secondaires sont placés à la fin de groupes rythmiques.

Exemples	Sens ou effets
« Je n'ai plus que les os, un squelette je semble, Déchar**né**, déner**vé**, démus**clé**, dépul**pé**, Que le trait de la Mort sans pardon a frappé [...] » Pierre de RONSARD, « Je n'ai plus que les os », *Derniers vers* (1586).	Dans le deuxième alexandrin, l'accent (suivi d'une courte pause) qui tombe à la fin de chacun des quatre participes passés qui montrent l'état de déchéance physique du poète crée un **effet de martèlement** qui met ces mots en valeur de manière douloureuse.
« On **dou**te La **nuit**... J'é**cou**te : – Tout **fuit**, Tout **passe** ; L'es**pace** Ef**face** Le **bruit**. » Victor HUGO, « Les Djinns », *Les Orientales* (1829).	Ces vers de deux syllabes comptent un seul accent fixe (marqué en gras), suivi d'une pause. Les points de suspension imposent un temps d'arrêt assez long, pendant lequel plane le silence, tandis que le deux-points, qui introduit généralement des paroles, est suivi d'un tiret exprimant une absence de sons, que le lecteur est invité à écouter. La longueur des pauses contribue à faire saisir le **silence ambiant**, évoqué aussi par les allitérations en *s* (*passe, espace, efface*).

6 Procédés d'organisation du discours : le discours narratif

Introduction

Qu'il rédige une œuvre poétique, dramatique, narrative ou un essai, un locuteur peut décider de raconter une histoire (discours narratif), de défendre une idée au moyen d'arguments (discours argumentatif), d'interpeller le destinataire (discours énonciatif), de décrire un phénomène (discours descriptif) ou de l'expliquer (discours explicatif). Ces différentes manières de présenter ou de développer une idée constituent ce qu'on appelle les procédés d'organisation du discours. Le choix du discours dépend du but que le locuteur poursuit dans son œuvre, de la personne à qui il s'adresse et du message qu'il veut véhiculer. Étant donné que le discours narratif est un mode d'organisation complexe et récurrent dans les œuvres littéraires, nous avons choisi d'y consacrer un chapitre entier.

Le discours narratif est le discours par lequel un narrateur raconte une histoire (succession d'actions impliquant des personnages dans un temps et un lieu donnés). Les composantes de ce type de discours sont les suivantes : l'histoire (ce qui est raconté) et la narration (la manière de raconter l'histoire). Ces composantes comportent à leur tour certaines particularités, qui créent des effets variés. Le but de ce chapitre est de présenter les particularités du discours narratif afin que vous soyez en mesure de mieux comprendre leurs fonctions et de mieux apprécier leurs effets.

Exemple

« OCTAVE – Un jour que j'accompagnais Léandre pour aller chez les gens qui gardent l'objet de ses vœux, nous entendîmes, dans une petite maison d'une rue écartée, quelques plaintes mêlées de beaucoup de sanglots. Nous demandons ce que c'est. Une femme nous dit, en soupirant, que nous pouvions voir là quelque chose de pitoyable en des personnes étrangères, et qu'à moins d'être insensibles, nous en serions touchés. [...] La curiosité me fit presser Léandre de voir ce que c'était. Nous entrons dans une salle, où nous voyons une vieille femme mourante, assistée d'une servante qui faisait des regrets, et d'une jeune fille toute fondante en larmes, la plus belle et la plus touchante qu'on puisse jamais voir. [...] Une autre aurait paru effroyable en l'état où elle était, car elle n'avait pour habillement qu'une méchante petite jupe avec des brassières de nuit qui étaient de simple futaine, et sa coiffure était une cornette jaune, retroussée au haut de sa tête, qui laissait tomber en désordre ses cheveux sur ses épaules ; et cependant, faite comme cela, elle brillait de mille attraits, et ce n'était qu'agréments et que charmes que toute sa personne. »

MOLIÈRE, *Les Fourberies de Scapin* (1671).

Narrateur personnage
Les marques de la première personne témoignent du fait que le narrateur est un personnage qui prend part à l'histoire qu'il raconte.

Moment de la narration ultérieur à l'histoire
L'emploi de l'imparfait, du passé simple et du conditionnel indique que l'histoire s'est déjà produite et que le moment de la narration est ultérieur à l'histoire.

Vitesse de la narration interrompue
La vitesse de narration interrompue permet au personnage de décrire la jeune fille et de mettre en évidence son charme.

L'histoire : l'intrigue

Définition

L'intrigue est l'ensemble des événements, des faits et des gestes accomplis par les personnages. Généralement unique dans un court récit, telle la nouvelle, l'intrigue peut être multiple dans un roman.

Stratégie de repérage ou d'analyse

Pour cerner une intrigue, on peut se poser les questions suivantes :

◆ Les événements sont-ils présentés comme étant réels ou fictifs ? Dans quel but sont-ils présentés ainsi ?

◆ Quel est le thème dominant ? Est-il grave ou léger ? Est-il présenté de manière symbolique ? A-t-il une portée universelle ?

◆ Comment le thème dominant est-il développé ? Quelles sont les situations initiale et finale de l'intrigue ? Quel est le moteur de l'intrigue, l'élément qui la déclenche (qu'on appelle également « force perturbatrice » ou « élément déclencheur ») ? Y a-t-il des revirements de situation au fil du récit ? Quels en sont les effets ?

◆ Comment les événements s'enchaînent-ils : par succession (événements qui se suivent dans le temps), par parallélisme (événements qui se produisent en même temps et qui sont présentés en parallèle) ou par enchâssement (récit d'événements inséré dans un autre récit) ? Quel effet ce choix produit-il ?

Exemples	Sens ou effets
« Une Montagne en mal d'enfant Jetait une clameur si haute, Que chacun, au bruit accourant, Crut qu'elle accoucherait sans faute D'une Cité plus grosse que Paris : Elle accoucha d'une Souris. » Jean de LA FONTAINE, « La Montagne qui accouche », *Fables* (1668-1693).	Dans ce court récit, le locuteur illustre, de manière symbolique, le thème de la vantardise. En mettant en scène une montagne, symbole de grandeur, qui accouche d'une souris, symbole de petitesse, le locuteur illustre l'**attitude des gens prétentieux** qui, tout en annonçant de grandes œuvres (dans le cas de la montagne, on s'attendait à ce qu'elle mette au monde une ville « plus grosse que Paris »), finissent par accomplir bien peu de choses (telle une souris). <u>L'allégorie</u> permet ainsi au locuteur de divertir son lecteur tout en lui faisant la morale.
« – [Les filles de Goriot] ont renié leur père, répétait Eugène. – **Eh bien ! Oui, leur père, le père, un père**, reprit la vicomtesse, **un bon père qui leur a donné**, dit-on, **à chacune cinq ou six cent mille francs pour faire leur bonheur en les mariant bien, et qui ne s'était réservé que huit à dix mille livres de rente pour lui, croyant que ses filles resteraient ses filles, qu'il s'était créé chez elles deux existences, deux maisons où il serait adoré, choyé. En deux ans, ses gendres l'ont banni de leur société comme le dernier des misérables...** Quelques larmes coulèrent dans les yeux d'Eugène [...]. » Honoré de BALZAC, *Le Père Goriot* (1834-1835).	Dans cet épisode enchâssé, la vicomtesse explique qui est le père Goriot et, surtout, quel lien il entretient avec ses filles. Antérieurement dans le récit, ni le personnage d'Eugène ni le lecteur ne connaissaient véritablement le père Goriot. À cette étape de l'intrigue, l'enchâssement permet de **lever le voile sur un mystère** qui planait autour du personnage de Goriot : qui sont ces jeunes filles qui le fréquentent ? Quels rapports entretient-il avec elles ?

« Quatre heures sonnèrent au coucou de la salle du rez-de-chaussée [...] brusquement, ce fut Catherine qui se leva. Dans sa fatigue, elle avait, par habitude, compté les quatre coups du timbre, à travers le plancher, sans trouver la force de s'éveiller complètement. [...] un grognement arriva du palier, la voix de Maheu bégayait, empâtée : – Sacré nom ! Il est l'heure... C'est toi qui allumes, Catherine ?
– Oui père... Ça vient de sonner en bas.
– Dépêche-toi donc, fainéante !
[...]
Ce matin-là, les Grégoire s'étaient levés à huit heures. [...] Le couvert était mis, trois bols sur une nappe blanche. On envoya Honorine voir ce que devenait mademoiselle. Mais elle redescendit aussitôt, retenant ses rires, étouffant sa voix, comme si elle eût parlé en haut, dans la chambre.
– Oh ! si Monsieur et Madame voyaient Mademoiselle !... Elle dort, oh ! elle dort, ainsi qu'un Jésus... On n'a pas idée de ça, c'est un plaisir à regarder. »
Émile ZOLA, *Germinal* (1885).

En présentant les événements en parallèle, le locuteur met en lumière **l'écart entre les conditions de vie de deux jeunes filles issues de milieux sociaux distincts** : Catherine, fille aînée d'une famille d'ouvriers, qui doit se lever à quatre heures du matin pour aller travailler et qui, malgré cela, est traitée de fainéante par son père, et Mlle Grégoire, enfant unique d'une famille de bourgeois, qui peut dormir à satiété, n'ayant aucune obligation. Ce parallèle permet d'illustrer le fossé qui sépare les différentes classes sociales.

« **Le 16 août 1968** on me mit dans les mains un livre dû à la plume d'un certain abbé Vallet, *Le manuscrit de Dom Adson de Melk*, **traduit en français d'après l'édition de Dom J. Mabillon (aux Presses de l'Abbaye de la Source, Paris, 1842)**. Le livre, accompagné **d'indications historiques** en vérité fort minces, affirmait **qu'il reproduisait fidèlement un manuscrit du XIVᵉ siècle, trouvé à son tour dans le monastère de Melk par le grand érudit du XVIIᵉ siècle**, qui a tant fait pour l'histoire de l'ordre bénédictin. La docte trouvaille (la mienne, troisième dans le temps donc) me réjouissait tandis que je me trouvais à Prague dans l'attente d'une personne chère. **Six jours après, les troupes soviétiques envahissaient la malheureuse ville.** [...] En un climat mental de grande excitation je lisais, fasciné, la terrible histoire d'Adso de Melk, et elle m'absorba tant que, presque d'un seul jet, **j'en rédigeai une traduction** [...] À présent je me sens libre de raconter, par simple goût fabulateur, l'histoire d'Adso de Melk [...]. »
Umberto ECO, préface, *Le Nom de la rose* (1980).

Dans cette préface, tout concourt à donner de la vraisemblance au récit qui sera raconté. Le fait que le document soit daté (« 16 août 1968 »), que la source soit indiquée (« Presses de l'Abbaye de la Source, Paris, 1842 ») et que le locuteur fasse référence à des événements historiques (le printemps de Prague) amène le lecteur à lire l'intrigue comme si elle s'était réellement produite, ce qui devrait **piquer sa curiosité et susciter son intérêt**.

L'histoire : les personnages

Définition

Les personnages (ou protagonistes) sont les acteurs de l'intrigue : ils prennent part aux événements qui constituent l'histoire et contribuent ainsi à son évolution.

Stratégie de repérage ou d'analyse

Pour cerner un personnage, on peut se poser les questions suivantes :

◆ Le personnage est-il le héros du récit ou un personnage secondaire ? Quel est son statut social (âge, sexe, origine ethnique, profession, rang social) ? Quels sont ses traits de caractère (nerveux, avare, naïf, philanthrope, curieux, etc.) ? Quels sont ses traits physiques ? Recoupent-ils des éléments de ses traits de caractère ou de sa classe sociale ?

◆ Comment le connaît-on : par son discours, par son comportement ou par la description qu'en fait le narrateur ?

◆ Que veut-il ? Que fait-il ? Accomplit-il l'action ou la subit-il ?

◆ Quelle facette de la nature humaine représente-t-il ?

◆ Quel est l'objet de la quête du héros ? Les personnages secondaires assistent-ils le héros dans sa quête (adjuvants) ou lui font-ils obstacle (opposants) ?

Exemples	Sens ou effets
« Il plongea sa main froide dans l'un des sacs, **avec quelles délices ! Avec quel bonheur !** **Avec quel ruissellement de joie et de passion !** Du premier coup il toucha la bourse de cuir. L'or, l'argent, les billets de banque, **la vie, le ciel, Dieu. Tout. Il laissa filer un long soupir.** » Claude-Henri GRIGNON, *Un homme et son péché* (1933).	La description des gestes et des pensées du personnage **révèle son caractère** avare. En effet, Séraphin vit un moment d'extase au contact de l'argent, qu'il vénère tel un dieu. Cette idée est appuyée par les <u>phrases exclamatives</u> et par l'<u>accumulation</u> de tout ce que l'or représente pour lui : « la vie, le ciel, Dieu. Tout. »
« – Vous autres, **vous savez pas** ce que c'est *d'aimer à voir du pays, de se lever avec le jour, un beau matin, pour filer fin seul, le pas léger, le cœur allège, tout son avoir sur le dos.* Non ! **Vous aimez mieux piétonner toujours à la même place, pliés en deux sur vos terres de petite grandeur, plates, cordées comme des mouchoirs de poche.** Sainte bénite, **vous aurez donc jamais rien vu, de votre vivant !** [...] *Si vous saviez ce que c'est de voir du pays...* » Germaine GUÈVREMONT, *Le Survenant* (1945).	Le discours du Survenant **renseigne** le lecteur autant **sur ses aspirations** (ce qui est en italique) que **sur les mœurs de ses hôtes** (informations mises en caractères gras). En effet, alors qu'il est attiré par les voyages et par la vie d'errance, qu'il décrit avec un vocabulaire **mélioratif** (marcher « un *beau* matin », « le pas *léger* », « le cœur *allège* »), il considère que les cultivateurs du Chenal du Moine mènent une existence routinière et misérable sur des terres « de petite grandeur, plates, cordées comme des mouchoirs de poche ». Le <u>vocabulaire péjoratif</u> illustre la perception négative qu'a le Survenant de cette vie sédentaire.

L'histoire : l'espace et le temps

Définition

Dans un récit, les événements racontés se situent dans l'espace (un ou plusieurs lieux) et dans le temps (à une époque donnée et pendant une certaine durée).

Stratégie de repérage ou d'analyse

Pour analyser le cadre spatial et le cadre temporel, on peut se poser les questions suivantes :

◆ Les lieux sont-ils nombreux ? Sont-ils clos ou ouverts ? Les personnages se déplacent-ils dans l'espace ou sont-ils fixes ? Les lieux sont-ils symboliques ? Représentent-ils un personnage, un milieu social, une idéologie ?

◆ Quel est le contexte historique, politique, social, culturel, idéologique de l'époque racontée ? Y a-t-il un lien entre les marques temporelles et l'évolution des personnages ? Y a-t-il un lien entre l'époque, le milieu où se passe l'intrigue et le destin des personnages ?

Exemples	Sens ou effets
« Il est **dix heures**. Ô ma pauvre petite fille ! Encore **six heures** ; et je serai mort ! » Victor HUGO, *Le Dernier jour d'un condamné* (1829).	Le condamné, qui connaît l'heure fatidique où il sera exécuté (16 h), est très conscient de chaque instant qui s'écoule et qui le rapproche de la mort. Dans ce récit, le temps est donc crucial, et les marques temporelles contribuent à **faire ressortir la souffrance** du personnage. Cette souffrance transparaît aussi dans la <u>phrase exclamative</u> *Ô ma pauvre petite fille !*, qui illustre son désespoir.
« Onze heures un quart : nous entendîmes du mouvement **en bas. Chez nous**, seule notre respiration était perceptible, car tous nous étions figés. On entendit des pas **aux étages inférieurs, au Bureau privé, à la cuisine**, puis… **à l'escalier menant à la porte camouflée**. Notre respiration était coupée, huit cœurs battaient à se briser, en percevant les pas **sur l'escalier** et les secousses **à la porte-armoire**. Cet instant est indescriptible. "Maintenant nous sommes perdus", dis-je, nous voyant tous emmenés par la Gestapo la nuit même. » Anne FRANK, *Journal de Anne Frank* (1942-1944).	Anne Frank décrit le déplacement des membres de la Gestapo. Par les marques de lieux, elle atteste qu'ils se rapprochent du lieu où elle est cachée avec sa famille, derrière la porte-armoire : ils sont d'abord « en bas », puis ils montent « aux étages inférieurs », « à l'escalier » pour se rendre finalement « à la porte-armoire ». L'évolution dans l'espace constitue une menace pour elle et ses proches et **crée une forte tension** dans le récit. La <u>suspension</u> de la narration accentue cet effet.
« Quinze jours de voyage. Longues routes désertes. Forêts traversées. Petites auberges de village. [...] La chaleur est insupportable. Il pleut à travers la capote de la voiture. **Louiseville, Saint-Hyacinthe, Saint-Nicolas, Pointe-Lévis, Saint-Michel, Montmagny, Berthier, L'Islet, Saint-Roch des Aulnaies, Saint-Jean-Port-Joli**… » Anne HÉBERT, *Kamouraska* (1970).	La longue énumération des noms de lieux donne l'impression que le **voyage** déplaisant de la narratrice est **interminable**. Cet effet est appuyé par le contraste entre les <u>phrases courtes</u> et cette <u>énumération</u> de noms de lieux.

*L*a narration : le narrateur

Définition

Le narrateur est un locuteur qui raconte une histoire. Toutefois, il ne faut pas le confondre avec l'auteur. Dans un discours narratif, c'est toujours le narrateur qui s'exprime, à moins que l'auteur précise que son récit est autobiographique.

Stratégie de repérage ou d'analyse

Le narrateur peut raconter une histoire vue de l'intérieur ou de l'extérieur :

◆ Le narrateur qui raconte l'histoire vue de l'intérieur est un **narrateur personnage**. Ce type de narrateur peut être le héros de sa propre histoire (personnage principal) ou un simple témoin des événements (personnage témoin). Dans les deux cas, il parle à la première personne quand il se désigne. Demandez-vous ce que le point de vue du narrateur apporte à l'histoire.

◆ Le narrateur qui raconte l'histoire vue de l'extérieur est un **narrateur externe**. Il raconte l'histoire à la troisième personne. Dans ce cas, demandez-vous s'il se manifeste par des commentaires personnels et dans quel but. Par ailleurs, pour apprécier davantage ce type de narrateur, il est essentiel de reconnaître la focalisation choisie. Vous trouverez les informations à ce sujet à la page suivante.

Exemples	Sens ou effets
« La perte d'un époux ne va point sans soupirs ; / On fait beaucoup de bruit ; et puis on se console : / Sur les ailes du Temps la tristesse s'envole, / Le Temps ramène les plaisirs. / Entre la Veuve d'une année / Et la Veuve d'une journée / La différence est grande ; on ne croirait jamais / Que ce fût la même personne : / L'une fait fuir les gens, et l'autre a mille attraits. » Jean de LAFONTAINE, « La jeune veuve », *Fables* (1668-1693).	Dans cet extrait, le narrateur est externe (il ne se désigne jamais). Ce choix narratif accentue la **fonction didactique** de la fable puisque le narrateur présente son propos comme s'il s'agissait d'une réalité objective, d'une vérité générale. L'emploi du pronom indéfini *on* témoigne également de cette tonalité didactique.
« Dupin analysait minutieusement toutes choses, sans en excepter les corps des victimes. **Nous** passâmes ensuite dans les autres chambres, et **nous** descendîmes dans les cours, toujours accompagnés par un gendarme. Cet examen dura fort longtemps, et il était nuit quand **nous** quittâmes la maison. En retournant **chez nous**, **mon** camarade s'arrêta quelques minutes dans les bureaux d'un journal quotidien : – *La Gazette*, reprit-il, n'a pas, je le crains, pénétré l'horreur insolite de l'affaire. Mais laissons là les opinions niaises de ce papier. Il me semble que le mystère est considéré comme insoluble, par la raison même qui devrait le faire regarder comme facile à résoudre [...]. » Edgar Allan POE, *Double assassinat dans la rue Morgue* (1843).	Le narrateur personnage (marqué par les pronoms de la première personne et par le déterminant possessif *mon*) est en mesure de **mettre en lumière l'intelligence de son acolyte** en rapportant les fruits de son enquête, qu'il effectue « minutieusement » et « fort longtemps », et les conclusions qu'il en tire.

La narration : la focalisation

Définition

La focalisation (ou le point de vue) est l'angle sous lequel le narrateur externe présente le récit.

Stratégie de repérage ou d'analyse

Il existe trois types de focalisation[1] : interne, externe et zéro.

◆ Lorsqu'il est dans la tête d'un personnage, qu'il présente son point de vue des événements en ignorant ce que pensent les autres protagonistes, le narrateur adopte une **focalisation interne**. Son point de vue est engagé et subjectif. C'est le point de vue d'un seul personnage.

◆ Lorsqu'il ignore ce qui se passe dans la tête des personnages, qu'il n'est qu'un simple témoin des événements, telle une caméra cinématographique, le narrateur adopte une **focalisation externe**. Son point de vue est alors distancié et objectif.

◆ Lorsqu'il sait tout, qu'il en sait même plus que les personnages eux-mêmes puisqu'il connaît leurs désirs, leurs aspirations et leur avenir, le narrateur adopte une **focalisation zéro** (ou omnisciente). Il est alors à même de juger et de commenter tous les événements du récit.

Pour saisir la pertinence de la focalisation et en faire l'analyse, demandez-vous quelle est sa fonction dans le récit.

Exemples	Sens ou effets
« [Le juge] commença l'interrogatoire. – Votre nom ? Or voici un cas qui n'avait pas été "prévu par la loi", celui où un sourd aurait à interroger un sourd. Quasimodo, **que rien n'avertissait de la question à lui adressée**, continua de regarder le juge fixement et ne répondit pas. *Le juge, sourd et **que rien n'avertissait de la surdité de l'accusé, crut qu'il avait répondu*,** comme le faisaient en général tous les accusés, et poursuivit avec son aplomb mécanique et stupide. – C'est bien. Votre âge ? Quasimodo ne répondit pas davantage à cette question. *Le juge la crut satisfaite*, et continua. » Victor HUGO, *Notre-Dame de Paris* (1831).	La focalisation zéro (ou omnisciente) permet au narrateur de décrire ce qui se passe dans la tête de Quasimodo, qui ignore qu'on l'interroge (extrait mis en caractère gras), et dans celle du juge, qui croit que Quasimodo répond à ses questions (extrait en italique). Grâce à cette focalisation, le lecteur est à même **d'apprécier l'absurdité de la scène**, où un sourd interroge un autre sourd.
« – Où Monsieur va-t-il ? demanda le cocher. – Où vous voudrez ! dit Léon poussant Emma dans la voiture. Et la lourde machine se mit en route. Elle descendit la rue Grand-Pont, traversa la place des Arts, le quai Napoléon, le pont Neuf et s'arrêta court devant la statue de Pierre Corneille. – Continuez ! fit une voix qui sortait de l'intérieur. » Gustave FLAUBERT, *Madame Bovary* (1857).	En raison de la focalisation externe, on ignore ce qui se passe à l'intérieur de la voiture. Tout en piquant la curiosité du lecteur, qui devrait deviner que les personnages font l'amour, le narrateur externe **respecte leur intimité**. Il les met ainsi à l'abri de tout regard indiscret, même de celui du lecteur, qui suit le trajet de la voiture comme un simple témoin extérieur.

---

1. Il est à noter que, dans un même récit, le narrateur peut passer d'un type de focalisation à un autre.

La narration : le moment de la narration

Définition

Le narrateur peut raconter son histoire à différents moments, c'est-à-dire après qu'elle s'est produite, pendant qu'elle se produit ou, dans des cas plus rares, avant qu'elle ne se produise. C'est ce qu'on appelle le moment de la narration.

Stratégie de repérage ou d'analyse

Par rapport à l'histoire, la narration peut être ultérieure, antérieure, simultanée ou, même, intercalée.

- **Narration ultérieure :** Le narrateur raconte l'histoire après qu'elle s'est déroulée. Ce choix est le plus fréquent. Il permet au narrateur, dans des œuvres fantastiques par exemple, de donner le ton dès le début du récit. Il parle au passé et peut intégrer des commentaires évaluatifs et appréciatifs puisqu'il connaît le dénouement de l'intrigue. Il peut donc, par ses commentaires, influencer le lecteur.

- **Narration antérieure :** Le narrateur anticipe les événements qui se produiront plus tard dans le récit. Il parle donc au futur.

- **Narration simultanée :** Le narrateur raconte l'histoire au moment même où elle se déroule. Il parle au présent et, ignorant l'avenir, il ne peut émettre d'opinion sur ce qui va se produire.

- **Narration intercalée :** Le narrateur combine les possibilités présentées ci-dessus. Il peut, par exemple, commencer son récit ultérieurement aux événements relatés, tout en poursuivant sa narration de manière simultanée à partir du milieu de l'intrigue.

Pour analyser le moment de la narration, demandez-vous quelle est sa fonction dans le récit.

Exemples	Sens ou effets
« Mes enfants, reprit d'une voix tremblotante l'aïeul aux cheveux blancs, depuis bien longtemps, je vous répète à la veille de chaque jour de l'an, cette histoire de ma jeunesse. Je suis bien vieux, et peut-être pour la dernière fois, vais-je vous la redire ici ce soir. Soyez tout attention, et **remarquez surtout la punition terrible que Dieu réserve à ceux qui, en ce monde, refusent l'hospitalité au voyageur en détresse.** » Honoré BEAUGRAND, *Le Fantôme de l'avare* (1875).	En dévoilant d'entrée de jeu le dénouement de son histoire (un personnage sera puni par Dieu pour avoir refusé son hospitalité à un voyageur en détresse), le narrateur prouve que l'histoire s'est déroulée dans le passé. Le récit a donc une **valeur didactique :** l'intérêt de l'intrigue ne réside pas dans le suspense, mais dans la morale que le lecteur peut en tirer.
« Non, je ne finirai pas ce livre inédit : le dernier chapitre manque qui ne me laissera même pas le temps de l'écrire quand il surviendra. Ce jour-là, [...] **les pages s'écriront d'elles-mêmes à la mitraillette : les mots siffleront au-dessus de nos têtes, les phrases se fracasseront dans l'air...** » Hubert AQUIN, *Prochain épisode* (1965).	Par l'emploi de verbes au futur (*je ne finirai pas*, *il surviendra*), le narrateur se projette dans l'avenir. Cette narration antérieure lui permet de **rêver** d'un « prochain épisode », qui sera marqué par la réussite de son entreprise révolutionnaire et littéraire. Ce rêve révolutionnaire est également perceptible par le <u>champ lexical</u> guerrier (*mitraillette*, *siffleront* et *fracasseront*).

La narration : l'ordre des événements

Définition

Pour organiser son récit, le narrateur dispose les événements selon un ordre continu (du présent au passé ; du passé au présent ; du présent au futur) ou discontinu (retour en arrière ou anticipation).

Stratégie de repérage ou d'analyse

Pour établir l'ordre des événements, on peut noter les marques temporelles ainsi que tout changement de mode et de temps verbaux.

Pour comprendre l'effet créé par l'ordre des événements, demandez-vous quelle est sa fonction dans le récit.

Exemples	Sens ou effets
« **Il y avait seize ans à l'époque où se passe cette histoire** que, par un beau matin de dimanche de la Quasimodo, une créature vivante avait été déposée après la messe dans l'église de Notre-Dame [...]. L'espèce d'être vivant qui gisait sur cette planche le matin de la Quasimodo en l'an du Seigneur 1467 paraissait exciter à un haut degré la curiosité du groupe assez considérable qui s'était amassé autour du bois de lit. [...] En effet, ce n'était pas un nouveau-né que "ce petit monstre". (Nous serions fort empêché nous-même de le qualifier autrement.) C'était une petite masse fort anguleuse et fort remuante, emprisonnée dans un sac de toile. » Victor HUGO, *Notre-Dame de Paris* (1831).	L'ordre des événements est ici perceptible grâce au changement temporel : le narrateur rapporte une histoire passée (verbes à l'imparfait). Le retour en arrière permet de mettre en lumière le fait que, dès sa naissance, Quasimodo était perçu comme un être monstrueux, ce qui **explique son isolement et son caractère farouche** au moment où se passe l'intrigue.
« Seigneurs, vous plaît-il d'entendre un beau conte d'amour et de mort ? C'est de Tristan et d'Iseut la reine. **Écoutez comment à grand'joie, à grand deuil ils s'aimèrent, puis en moururent un même jour, lui par elle, elle par lui.** » *Le Roman de Tristan et Iseut* (XIIᵉ siècle).	En révélant d'emblée le sort tragique des personnages par un effet d'anticipation, le narrateur **capte l'attention du lecteur**, qui voudra connaître les moindres détails de cette fatale histoire d'amour.
« On a dit **que vous [Edmond Dantès] aviez voulu fuir, que vous aviez pris la place d'un prisonnier, que vous vous étiez glissé dans le suaire d'un mort, et qu'alors on avait lancé le cadavre vivant du haut en bas du château d'If ; et que le cri que vous aviez poussé en vous brisant sur les rochers avait seul révélé la substitution à vos ensevelisseurs, devenus vos bourreaux.** » Alexandre DUMAS, *Le Comte de Monte Cristo* (1845).	Le décalage entre le passé composé et le plus-que-parfait témoigne du fait que les événements relatés par le personnage se sont passés antérieurement. Ce retour en arrière permet de **récapituler une bonne partie du récit et de mettre en lumière les dangers** auxquels a fait face le personnage Edmond Dantès pour parvenir à la liberté.

La narration : la vitesse de la narration

Définition

La vitesse de la narration est le rapport entre le temps que prend l'histoire et celui que prend le narrateur pour la raconter.

Stratégie de repérage ou d'analyse

La vitesse de la narration peut être accélérée, réelle, ralentie ou interrompue.

- **Vitesse accélérée :** Le narrateur relate une suite d'événements de manière brève et concise, dans une période plus courte que le temps réel. Pour ce faire, il énumère des faits ou place des repères temporels qui résument une période de temps donnée (par exemple, «quelques années plus tard...»).

- **Vitesse réelle :** Le temps de la narration est le même que le temps de l'épisode relaté. Pour y arriver, le narrateur fait généralement appel aux dialogues.

- **Vitesse ralentie :** La narration est plus longue que la durée de l'événement relaté, ce qui permet au narrateur de l'expliquer ou de le rapporter de façon détaillée.

- **Vitesse interrompue :** L'intrigue n'avance plus. Généralement, cette pause permet au locuteur de décrire une réalité (un phénomène, un lieu, un objet ou un personnage).

Pour analyser la vitesse de la narration, demandez-vous ce qu'elle met en évidence et dans quel but. Si le locuteur fait appel à une description pour interrompre son récit, demandez-vous quelle est sa fonction : est-elle informative, explicative, symbolique ? Permet-elle de saisir un enjeu important du récit ?

Exemples	Sens ou effets
«Ulysse avait tiré ; la flèche avait frappé Antinoos au col : **la pointe traversa la gorge délicate et sortit par la nuque**. L'homme frappé à mort **tomba à la renverse** ; sa main **lâcha la coupe** ; soudain, **un flot épais jaillit de ses narines** [...] d'un brusque coup, ses pieds culbutèrent la table, **d'où des viandes rôties, le pain et tous les mets coulèrent sur le sol, mêlés à la poussière.**» HOMÈRE, *Odyssée* (IXe siècle av. J.-C.).	En temps réel, la scène décrite par le narrateur pourrait se dérouler en un court laps de temps. En effet, une flèche lancée à vive allure prend une fraction de seconde pour atteindre sa cible et la traverser. En affirmant que «la pointe traversa la gorge délicate et sortit par la nuque» et qu'«un flot épais jaillit de ses narines», le narrateur décrit la scène à une vitesse ralentie, mettant ainsi en lumière la **précision du coup et ses conséquences funestes**.
«Le monstre approchait. Il avait [...] **les yeux rouges** et **tels que des charbons embrasés, deux cornes au front, les oreilles longues et velues, des griffes de lion, une queue de serpent, le corps écailleux d'un griffon**[1]. Tristan lança contre lui son destrier[2] d'une telle force que, tout hérissé de peur, il bondit pourtant contre le monstre.» *Le Roman de Tristan et Iseut* (XIIe siècle).	L'interruption de la narration permet une description du monstre. Dans cette description, le locuteur emploie des adjectifs (*rouges*, *longues et velues*, *écailleux*) qui lui permettent de montrer la laideur de la créature. Le locuteur fait aussi des parallèles avec des animaux féroces (*griffes de lion, queue de serpent, corps écailleux d'un griffon*). Le tout **accentue l'aspect effrayant** du monstre et met en lumière le courage de Tristan qui, malgré sa frayeur, n'hésite pas à l'affronter.

1. *Griffon :* animal fabuleux pourvu du corps d'un lion et de la tête et des ailes d'un aigle.
2. *Destrier :* cheval de bataille.

Exemples	Sens ou effets
«Comme [l'épouse de Charles Bovary] étendait du linge dans sa cour, elle fut prise d'un crachement de sang, et **le lendemain**, tandis que Charles avait le dos tourné pour fermer le rideau de la fenêtre, elle dit: "Ah! mon Dieu!", poussa un soupir et s'évanouit. Elle était morte! Quel étonnement! **Quand tout fut fini** au cimetière, Charles rentra chez lui.» Gustave FLAUBERT, *Madame Bovary* (1857).	Par des expressions telles que «*le lendemain*» et «*Quand tout fut fini*», le narrateur passe sous silence les événements qui se sont produits pendant ce laps de temps. Cette vitesse accélérée de la narration **témoigne du rôle très secondaire** que la première femme de Charles Bovary joue dans le récit.
«**– Et quel est ton plat préféré, grand-père?** **– Tous, tous, mon fils. C'est un grand péché de dire: ça c'est bon, ça c'est mauvais!** **– Pourquoi? On ne peut pas choisir?** **– Non, pour sûr, on ne peut pas.** **– Pourquoi?** **– Parce qu'il y a des gens qui ont faim.** Je me tus, honteux. Jamais mon cœur n'avait pu atteindre à tant de noblesse et de compassion.» Nikos KAZANTZAKI, *Alexis Zorba* (1946).	Les dialogues donnent l'impression au lecteur d'assister à l'échange entre les personnages, comme s'il était un véritable témoin de la scène. Cette vitesse réelle de la narration permet donc d'**apprécier la perspicacité du vieil homme**, qui sait répondre à son petit-fils avec sagesse et clairvoyance.
«À l'époque dont nous parlons, il régnait dans les villes une puanteur à peine imaginable pour les modernes que nous sommes. **Les rues** puaient **le fumier, les arrière-cours** puaient **l'urine, les cages d'escalier** puaient **le bois moisi et la crotte de rat, les cuisines le chou pourri et la graisse de mouton; les pièces d'habitation mal aérées** puaient **la poussière renfermée, les draps graisseux, les courtepointes moites et le remugle âcre des pots de chambre.**» Patrick SÜSKIND, *Le Parfum* (1985).	L'interruption de la narration permet une description des lieux. L'abondance des <u>noms</u> de lieux (*rues, arrière-cours, chambres à coucher*, etc.) associés à des odeurs nauséabondes (*fumier, urine, moisi, pourri, mal aérées*, etc.) **témoigne du dégoût** qu'inspirent les villes du XVIIIe siècle en France. Cette description est d'autant plus importante qu'elle fait contraste avec le sujet de l'intrigue: un personnage à l'odorat extrêmement fin qui tente de reproduire la fragrance naturelle d'une jeune fille qu'il a rencontrée.

7 Procédés
et tonalités

Introduction

Le repérage et l'interprétation des procédés d'écriture permettent de donner du sens à un texte. Or, lorsqu'ils sont combinés, les procédés peuvent également contribuer à créer une atmosphère donnée, ce qu'on appelle une tonalité. Le présent chapitre vise à montrer l'emploi possible des procédés par le biais des tonalités.

Qu'est-ce qu'une tonalité?

La plupart des œuvres artistiques s'adressent à la sensibilité du public. Qu'il soit lecteur, spectateur ou auditeur, le public, devant une œuvre d'art, peut ressentir de la tristesse, de la joie, de la colère, de l'indignation, de la compassion, de l'angoisse, etc. Cette atmosphère générale qui suscite des émotions est la tonalité. En musique, cette tonalité est notamment perceptible grâce au rythme (lent ou rapide) et au mode (mineur ou majeur). Dans une œuvre picturale, ce sont les couleurs, les formes, l'expression des figurants qui contribuent à produire un climat donné. En littérature, ce sont les procédés d'écriture qui jouent ce rôle.

Dans le présent chapitre, nous avons retenu les tonalités les plus fréquentes et nous avons associé à chacune d'elles les procédés d'écriture qui la caractérisent ainsi qu'une courte liste d'œuvres littéraires et cinématographiques qui l'illustrent bien. Nous vous invitons à lire ou à voir ces œuvres afin de vous imprégner des atmosphères qui y sont engendrées.

Avis aux futurs écrivains et aux scénaristes en herbe: cette section pourrait particulièrement inspirer votre esprit créatif en vous donnant des outils pour produire des effets précis, qu'ils soient dramatiques, comiques ou autres…

La tonalité lyrique

Définition

Dans une œuvre de tonalité **lyrique**, un auteur vise à toucher le lecteur par l'expression de ses sentiments, de ses états d'âme et de ses aspirations, comme c'est le cas dans *Le grand Meaulnes* (1913) d'ALAIN-FOURNIER ou dans *L'Homme rapaillé* (1970) de Gaston MIRON. Au cinéma, cette tonalité est perceptible dans *La vie est belle* (1997) de Roberto BENIGNI et dans le film *C.R.A.Z.Y.* (2005) de Jean-Marc VALLÉE.

Variante : Une œuvre de tonalité **pathétique** vise à bouleverser le lecteur en lui inspirant des émotions intenses telles que la pitié, la sympathie, la souffrance ou la tristesse, comme c'est le cas de l'autobiographie du pianiste Wladyslaw SZPILMAN, qui a été portée au grand écran par Roman POLANSKI dans son film *Le Pianiste* (2002).

Caractéristiques	Procédés
Thèmes et procédés qui illustrent l'affectivité	Champ lexical de l'amour, de la mort, de la fuite du temps, du bonheur, de la douleur, du passé, de la condition humaine, vocabulaire mélioratif et péjoratif, noms abstraits, adjectifs exprimant un jugement affectif, modes et temps verbaux exprimant la nostalgie (passé composé, imparfait, passé simple de l'indicatif et conditionnel)
Introspection	Marques du locuteur (pronom et déterminant possessif de la première personne), verbe de sentiment et de perception
Expression d'émotions fortes	Phrases exclamative et interrogative ; interjection, suspension, hyperbole, répétition, anaphore, parallélisme
Images émouvantes	Comparaison, métaphore, personnification, allégorie, antithèse, oxymore
Rythmes et sonorités marquant le bouleversement	Enjambement, allitération, assonance

Exemple

« Ah ! Quand pourrai-je encor comme des crucifix
Étreindre entre mes doigts les chères paix anciennes,
Dont je n'entends jamais les voix musiciennes
Monter dans tout le trouble où je geins, où je vis ?
Et je voudrais rêver longuement, l'âme entière,
Sous les cyprès de mort, au coin du cimetière
Où gît ma belle enfance au glacial tombeau. »

Émile NELLIGAN, « Ténèbres », *Œuvre* (1903).

[ ] Interjection qui exprime l'émotivité du locuteur.

Marques du locuteur : emploi récurrent de la première personne du singulier.

■ Emploi du conditionnel pour exprimer la nostalgie.

■ Champ lexical de la mort.

La tonalité tragique

Définition

Dans une œuvre de tonalité **tragique**, un lecteur est plongé dans un climat de souffrance en raison de la fatalité qui s'abat sur les personnages et du dénouement funeste. Outre les tragédies classiques de Jean RACINE et de Pierre CORNEILLE, *Hamlet* (1601) de William SHAKESPEARE et *L'Assommoir* (1877) d'Émile ZOLA incarnent cette atmosphère tragique. Au grand écran, la trilogie *Le Parrain* (1972-1990) de Francis Ford COPPOLA, *La Haine* (1995) de Mathieu KASSOVITZ et *Oldboy* (2003) de Chan-wook PARK illustrent également cette tonalité.

Caractéristiques	Procédés
Thèmes associés aux obligations, à la fatalité et à la destruction	Champ lexical de l'honneur, du devoir, de la passion, de la mort et de la solitude
Climat tendu qui illustre la gravité des événements	Phrases exclamative et impérative; interjection; litote, euphémisme, langue soutenue (vocabulaire recherché, phrase longue et syntaxiquement complexe, vouvoiement), vitesse de narration ralentie
Intrigues qui présentent des dilemmes inextricables	Phrase interrogative, parallélisme, chiasme, antithèse, oxymore, conjonction qui a une valeur de concession ou de restriction
Personnages dépossédés d'eux-mêmes	Pronom personnel de la troisième personne, périphrase, comparaison, métaphore, personnification, préposition marquant l'absence ou l'opposition

Exemple

« ATALIE – Enfin c'en est donc fait. Et par mes artifices
Mes injustes soupçons, mes funestes caprices,
Je suis donc arrivée au douloureux moment,
Où je vois par mon crime expirer mon amant!
N'était-ce pas assez, cruelle destinée,
Qu'à lui survivre, hélas, je fusse condamnée?
Et fallait-il encore que pour comble d'horreurs
Je ne pusse imputer sa mort qu'à mes fureurs? [...]
Et je puis, sans mourir, en souffrir la pensée?»

Jean RACINE, *Bajazet* (1672).

■ Langue soutenue, phrase syntaxiquement complexe qui témoigne du ton austère des personnages.

■ Interjection exprimant le regret, la perte.

☐ Champ lexical de la fatalité.

▨ Phrase interrogative qui témoigne de la difficulté inextricable que doit surmonter le personnage: continuer à vivre après avoir été responsable de la mort de son amant.

La tonalité comique

Définition

La tonalité **comique** vise à faire rire. Pour y arriver, un auteur peut faire appel au comique de geste (telles les mimiques des personnages), au comique de situation (comme les quiproquos), au comique de caractère (exagération d'un tempérament, d'un trait de caractère particulier) ou au comique de mots (jeux de mots, hyperbole, etc.). Outre les comédies de MOLIÈRE, bon nombre d'œuvres sont empreintes d'une atmosphère comique, notamment *Les Aventures d'Astérix et Obélix* d'UDERZO et GOSCINNY, et les films *Les Visiteurs* (1993) de Jean-Marie POIRÉ et *Le Dîner de cons* (1998) de Francis VEBER.

Variantes : Une œuvre **humoristique** fait sourire plutôt que rire. Une œuvre **satirique** attaque les mœurs en les ridiculisant, comme le fait la série télévisée *Les Bougon* (2003-2005) de François AVARD. Une **parodie** est une imitation ridicule d'une autre œuvre (tel *Austin Powers* [1997] de Jay ROACH, qui se moque des films de James Bond).

Caractéristiques	Procédés
Climat de légèreté	Langue familière ou populaire (lexique peu recherché, grivois ou grossier), quiproquo, faux raisonnement
Rythme rapide ou décousu	Phrase courte, aparté, rebondissements
Effet d'amplification et d'insistance	Phrase exclamative, hyperbole, périphrase, répétition, accumulation, abondance d'adjectifs, adverbe d'intensité, personnage symbolisant un défaut humain, langue artificiellement soutenue
Rapprochements inusités	Jeux lexicaux (néologisme, déformation de mots, terme à double sens), comparaison, métaphore, allitérations et assonances

Exemple

« Sans un sou, sans bazou, sans amis, sans abri,
Pis l'hiver qui sévit [...]
Me voilà rendu vagabond ; dans cette situation,
c'est l'amour ou ben la prison.
Le juge m'a dit : "Vous n'avez rien commis,
je vous condamne conséquemment
à cent piasses ou l'hiver en d'dans."
– Merci beaucoup la seigneurie,
En voilà un qui m'a compris,
Je pense que je vas prendre l'argent. »

Richard DESJARDINS, « Le Chant du bum »,
Richard Desjardins au Club Soda (1991).

[ ] Langue populaire.

Accumulation qui crée un effet de surenchère comique.

Faux raisonnement : le locuteur est condamné à n'avoir rien commis !

Langue faussement soutenue.

Quiproquo : le personnage interprète la sentence du juge au pied de la lettre comme s'il s'était fait offrir de l'argent au lieu de devoir payer une amende.

La tonalité dramatique

Définition

Généralement associée au discours narratif, la tonalité **dramatique** vise à susciter le suspense grâce aux nombreux événements que comporte l'intrigue et aux émotions que vivent les personnages confrontés à des épreuves diverses, comme c'est le cas dans *Les Trois Mousquetaires* (1844) d'Alexandre DUMAS, *Bonheur d'occasion* (1945) de Gabrielle ROY, *Le Code Da Vinci* (2004) de Dan BROWN, ou dans les films *Cours, Lola, cours* (1998) de Tom TYKWER, *Un long dimanche de fiançailles* (2004) de Jean-Pierre JEUNET et *La Fille à un million de dollars* (2004) de Clint EASTWOOD.

Caractéristiques	Procédés
Multiplication des péripéties	Intrigue à plusieurs péripéties, événements présentés en parallèle, verbe d'action
Effet de surprise	Revirement de situation (coup de théâtre), moment de la narration simultané, narrateur personnage ou narrateur externe avec focalisation interne
Émotions fortes	Phrases exclamative, impérative et interrogative
Rythme rapide	Phrase courte, vitesse de narration réelle ou accélérée
Effet d'amplification	Hyperbole, adverbe d'intensité, adjectif d'exagération
Évolution psychologique des personnages	Personnages symbolisant des types humains

Exemple

« Nous avançons clopin-clopant dans le soleil et dans le vent. Gloria, soudain, donne un coup de tête. Comme moi, elle a entendu ces crissements derrière nous, ces frous-frous de pas de course. Nous nous retournons.

– Ne tire pas ! Ce sont les chiens ! Ce sont les chiens ! Nous sommes mortes !

Trop tard ! J'ai fait feu. Les douilles éjectées m'effleurent les bras, brûlantes. Les entrailles des chiens gisent éparses et luisantes dans les lueurs du feu. Les Syriens ne mettent pas grand temps à réagir. Déjà, c'est le tonnerre, les balles sifflent à mes oreilles. Nous sommes des cibles immanquables. Seule Gloria peut me sauver. Je laisse tomber la mitraillette, happe Gloria par-derrière et l'étreins de toutes mes forces pour la maintenir entre les balles et moi. »

Réjean DUCHARME, *L'Avalée des avalés* (1966).

■ Adverbe qui marque un revirement de situation.

■ Phrases courtes qui expriment des émotions vives.

[ ] Enchaînement de nombreux événements, emploi de verbes d'action, rythme de narration réel.

▨ Coup de théâtre : la narratrice se sert de sa meilleure amie comme bouclier humain.

La tonalité épique

Définition

Dans une œuvre à tonalité **épique**, l'auteur vise à susciter l'admiration ou l'indignation du lecteur par des récits d'actions extraordinaires menées par des héros plus grands que nature, qui se démarquent généralement par des exploits guerriers, tels Ulysse dans *L'Odyssée* (IXᵉ siècle av. J.C.) d'HOMÈRE, Lancelot, héros éponyme du récit (1170) de Chrétien DE TROYES, ou les protagonistes de *La Guerre des étoiles* (1977-2005) de George LUCAS, de *Tigre et dragon* (2000) d'Ang LEE et du *Seigneur des anneaux* (2001-2003) réalisé par Peter JACKSON.

Caractéristiques	Procédés
Multiplication des péripéties	Intrigue à plusieurs péripéties, événements présentés en parallèle, verbe d'action
Effet d'amplification	Phrase exclamative, abondance d'adjectifs et de noms mélioratifs ou péjoratifs, répétition, anaphore, pléonasme, hyperbole, accumulation, gradation, pléonasme, adverbe d'intensité
Effet d'abondance	Nom collectif, emploi du pluriel, déterminant numéral ou indéfini exprimant une quantité
Héroïsme illustré de façon imagée	Périphrase, comparaison, métaphore, allégorie

Exemple

«[...] Sur ce cri, le roi vint. Son cheval était d'un blanc de neige, doré était son bouclier, et sa lance était longue. [...] La lumière jaillit dans le ciel. La nuit s'évanouit. [...] Dans un grand fracas, ils [les soldats] chargèrent. Ils [...] passèrent à travers les rangs de l'Isengard comme un vent de tempête dans l'herbe. Derrière eux, venaient du Gouffre les cris rauques des hommes qui sortaient des cavernes, poussant l'ennemi devant eux. Se déversaient aussi tous les hommes qui restaient sur le Rocher. Et toujours le son des cors se répercutait dans les collines.

Le roi et ses compagnons poursuivirent leur course. Capitaines et champions tombaient ou fuyaient devant eux. Ni Orque ni homme ne leur résistaient. Les ennemis [...] poussaient des cris et des gémissements [...].»

J. R. R. TOLKIEN, *Le Seigneur des anneaux: Les Deux Tours* (1966).

Termes mélioratifs qui amplifient la grandeur du roi.

Nombreux verbes d'action qui illustrent le chaos qui règne pendant la bataille.

Comparaison qui met en valeur l'héroïsme et la détermination des soldats.

La tonalité fantastique

Définition

Dans une œuvre de tonalité **fantastique**, l'auteur vise à plonger le lecteur dans un univers mystérieux et angoissant en intégrant des éléments surnaturels dans une époque, un lieu et une situation qui semblent bien réels. *Le Horla* (1887) de Guy de MAUPASSANT, *Nouvelles histoires extraordinaires* (1857) d'Edgar ALLAN POE ainsi que les films *Les Autres* (2001) d'Alejandro AMENABAR et *Le Sixième sens* (1999) de M. N. SHYAMALAN en constituent de bons exemples.

Variantes : Une œuvre est de tonalité **merveilleuse** lorsque les éléments irréels sont présentés comme un phénomène normal. Dans cette tonalité, un auteur vise à plonger le lecteur dans un univers enchanteur et féerique, comme c'est le cas dans les contes de Hans Christian ANDERSEN et des frères GRIMM, à qui l'on doit notamment le conte de *Blanche-Neige*. Les récits d'**horreur**, pour leur part, visent plutôt à faire peur, comme c'est le cas dans le film *Le Cercle* (2002) de Gore VERBINSKI.

Caractéristiques	Procédés
Suspense, climat d'angoisse et d'incertitude	Champ lexical de l'incompréhension et de l'angoisse, suspension, phrases exclamative et interrogative, moment de la narration ultérieur à l'histoire
Présence d'éléments mystérieux	Métaphore, comparaison, personnification (notamment d'objets), antithèse, termes employés au sens figuré, nom abstrait (exprimant le doute et l'incertitude), pronom indéfini, déterminant démonstratif
Cadre réaliste de l'intrigue	Narrateur personnage, vitesse de la narration réelle ou ralentie, marques spatio-temporelles créant une atmosphère d'incertitude : moment de la journée où la visibilité est réduite (la nuit, par moment de brouillard), lieux isolés (forêt, maison abandonnée)

Exemple

« Nous traversâmes une forêt d'un sombre si opaque et si glacial, que je me sentis courir sur la peau un frisson de superstitieuse terreur. Les aigrettes[1] d'étincelles que les fers de nos chevaux arrachaient aux cailloux laissaient sur notre passage comme une traînée de feu, et si quelqu'un, à cette heure de nuit, nous eût vus, mon conducteur et moi, il nous eût pris pour deux spectres à cheval sur le cauchemar. [...] La crinière des chevaux s'échevelait de plus en plus, la sueur ruisselait sur leurs flancs et leur haleine sortait bruyante et pressée de leurs narines. Mais, quand il les voyait faiblir, l'écuyer pour les ranimer poussait un cri guttural[2] qui n'avait rien d'humain et la course recommençait avec furie. »

Théophile GAUTIER, *La Morte amoureuse* (1836).

☐ Narrateur personnage.

☐ Marque de lieu dans l'histoire : lieu obscur.

☐ Champ lexical de l'angoisse.

☐ Marque de temps : moment pendant lequel la visibilité est réduite.

---

1. *Aigrettes* : faisceau de plumes.

2. *Guttural* : qui est émis au fond de la gorge.

La tonalité polémique

Définition

Dans un texte de tonalité **polémique**, un auteur vise à susciter un débat sur un sujet donné, comme l'ont fait les écrivains BEAUMARCHAIS dans *Le Mariage de Figaro* (1784), Paul-Émile BORDUAS dans *Refus global* (1948), George ORWELL dans *1984* (1950) ainsi que les cinéastes COSTA-GAVRAS dans *Amen* (2002) et Michael MOORE dans *Bowling for Columbine* (2002).

Variante : Une œuvre est de tonalité **ironique** lorsqu'un auteur dénonce un sujet ou une situation donnés avec raillerie, comme le font VOLTAIRE dans *Candide* (1759) et Richard DESJARDINS dans sa chanson « Le bon gars » (1990).

Caractéristiques	Procédés
Point de vue engagé du locuteur, qui vise à attirer l'attention du destinataire et à le convaincre	Présence du destinataire (marque de la deuxième personne, apostrophe), phrase interrogative, définition de certains termes, métaphore, comparaison, répétition, périphrase, verbe modalisateur, verbe de parole et d'opinion, adverbe de point de vue
Ton critique et esprit combatif	Vocabulaire particulièrement péjoratif (adjectif exprimant un jugement moral, esthétique ou affectif), phrases exclamative et impérative, champ lexical de l'action, du combat, de la violence ou de l'agressivité
Affirmation du contraire de ce que l'on veut faire comprendre	Antiphrase, oxymore, antithèse, euphémisme, adverbe d'intensité, hyperbole

Exemple

« Tous et toutes, professeurs, citoyens
Animateurs de Musique Plus et politiciens
Je nous accuse au tribunal de la conscience
D'avoir immolé le français sur l'autel de l'indifférence
Malgré que le combat soit perdu d'avance – même en France –
Nous défendons notre patrie contre l'anglosphyxie[1]
Tel que le firent les Phrygiens[2] face à l'Empire romain
Nous avons pris le maquis[3] linguistique
Et opposons à l'Amérique une résistance lyrique
Notre tactique est unique et consiste en la verbalistique [...] »

LOCO LOCASS, « Malamalangue », *Manifestif* (2000).

Apostrophe qui permet d'interpeller tous les citoyens.

Métaphore dénonciatrice.

Champ lexical du combat.

Néologisme : mot-valise formé des mots « verbal » et « balistique », science qui étudie le mouvement des projectiles. Ce jeu de mots prouve que le locuteur utilise le langage comme une arme.

1. *Anglosphyxie* : mot-valise formé du préfixe « anglo » et du mot « asphyxie », qui exprime l'omniprésence presque suffocante de la langue anglaise au Québec.

2. *Phrygiens* : ancien peuple d'Asie mineure qui fut asservi par les Romains en 103 av. J.C.

3. *Prendre le maquis* : entrer dans la clandestinité pour échapper aux autorités.

La tonalité didactique

Définition

La tonalité **didactique** est associée aux œuvres qui visent à instruire. C'est l'objectif que se sont donné les auteurs tels que Jean de LA FONTAINE dans ses *Fables* (1668), Blaise PASCAL dans *Pensées* (1669) et Jostein GAARDER dans *Le Monde de Sophie* (1995). La tonalité didactique est également perceptible dans le film de Pierre FALARDEAU *15 février 1839* (2000), qui porte sur la rébellion des Patriotes, ainsi que dans le documentaire sur l'ex-premier ministre du Québec Bernard Landry, *À hauteur d'homme* (2003), réalisé par Jean-Claude LABRECQUE.

Caractéristiques	Procédés
Point de vue engagé du locuteur, qui vise à attirer l'attention du destinataire et à le convaincre	Présence du destinataire (marques de la deuxième personne, apostrophe), phrases impérative et interrogative, marques de modalité (interjection, vocabulaire mélioratif et péjoratif), adverbe d'intensité et hyperbole
Volonté de se faire comprendre	Narration, description, lexique clair et précis (langue familière ou courante), conjonction qui a une valeur de cause ou de conséquence, comparaison, métaphore, personnification, allégorie, répétition
Présentation de vérités générales	Pronom indéfini, mode et temps verbal de l'indicatif présent, phrase de forme négative ou impersonnelle, phrase à présentatif

Exemple

> MORALITÉS
> « La curiosité malgré tous ses attraits,
> Coûte souvent bien des regrets ;
> On en voit tous les jours mille exemples paraître.
> C'est, n'en déplaise au sexe[1], un plaisir bien léger ;
> Dès qu'on le prend il cesse d'être,
> Et toujours il coûte trop cher. [...]
> Il n'est plus d'époux si terrible,
> Ni qui demande l'impossible,
> Fût-il malcontent et jaloux.
> Près de sa femme on le voit filer doux ;
> Et de quelque couleur que sa barbe puisse être,
> On a peine à juger qui des deux est le maître. »
> Charles PERRAULT, *La Barbe bleue* (1697).

[ ] Déterminant qui marque une généralité.

■ Hyperbole qui vise à convaincre le lecteur de la valeur de la morale.

■ Indicatif présent qui exprime une vérité générale.

▨ Pronom indéfini qui permet au locuteur de généraliser en parlant au nom de tous.

---

1. *Sexe* : les femmes.

8 Texte synthèse

Qu'ils relèvent de l'énonciation, du lexique, de la syntaxe, du style, de la musicalité ou de l'organisation du discours, les procédés d'écriture se retrouvent toujours nombreux et pêle-mêle dans un texte. Ils doivent donc faire l'objet d'une sélection, étape primordiale de l'analyse littéraire. En effet, analyser, c'est repérer certains procédés, mais c'est aussi choisir les plus pertinents en fonction des idées à exprimer; c'est également les mettre en relation afin de bâtir une argumentation riche et nuancée. Voilà ce que vous propose ce dernier chapitre: le repérage des procédés qui témoignent du lyrisme du poème.

Soir d'hiver

«Ah! comme la neige a neigé!
Ma vitre est un jardin de givre.
Ah! comme la neige a neigé!
Qu'est-ce que le spasme de vivre
À la douleur que j'ai, que j'ai!

Tous les étangs gisent gelés,
Mon âme est noire: Où vis-je? où vais-je?
Tous ses espoirs gisent gelés:
Je suis la nouvelle Norvège
D'où les blonds ciels s'en sont allés.

Pleurez, oiseaux de février,
Au sinistre frisson des choses,
Pleurez, oiseaux de février,
Pleurez mes pleurs, pleurez mes roses,
Aux branches du genévrier.

Ah! comme la neige a neigé!
Ma vitre est un jardin de givre.
Ah! comme la neige a neigé!
Qu'est-ce que le spasme de vivre
À tout l'ennui que j'ai, que j'ai!...»

Émile NELLIGAN, *Œuvre* (1903).

Procédés d'énonciation: marques de la première personne («Ma», «Je», «j'», «Mon», «Ma») qui montrent l'omniprésence du locuteur et marques de modalisation («Ah!») exprimant la souffrance.

Procédés syntaxiques et grammaticaux: phrases exclamatives et interrogatives permettant l'introspection, l'expression de la souffrance et du sentiment de déroute du locuteur.

Procédés lexicaux: champ lexical de la douleur («spasme», «douleur», «pleurez», «pleurs») qui illustre le mal de vivre du locuteur.

Procédés stylistiques: anaphore qui crée un effet d'insistance sur l'atmosphère de deuil, de tristesse qui imprègne le poème.

Procédés musicaux: allitération occlusive exprimant la dureté, qui met l'accent sur la difficulté de vivre et sur le caractère violent de l'existence.

9 Notions sur les genres littéraires

▷ **La poésie** ▷ **Le récit** ▷ **Le théâtre**

La poésie

Poésie : Genre littéraire qui accorde une importance particulière au rythme, aux sonorités et aux images. Jusqu'au XIXe siècle, la poésie obéit aux règles de la **versification**, c'est-à-dire à un ensemble de conventions qui régissent la structure interne du vers, l'agencement des vers entre eux de même que le groupement des vers en strophes et en poèmes à forme fixe. Les règles de la versification sont également mises en œuvre dans certaines formes du genre dramatique, notamment dans la tragédie classique. Toutefois, à partir du XIXe siècle, les poètes explorent de nouvelles formes poétiques (vers libre, poème en prose) et déjouent la versification classique.

Le vers

Vers : Ensemble de mots qui s'écrivent sur une seule ligne. Un vers ne correspond pas nécessairement à une phrase : il peut arriver qu'une phrase se déploie sur plusieurs vers ou, à l'inverse, qu'il y ait plusieurs phrases dans un seul vers.

Longueur d'un vers : Pour déterminer la longueur d'un vers, il faut compter le nombre de syllabes qu'il contient[1], en prêtant une attention particulière aux aspects suivants :

◆ **Le « e » caduc (ou « e » muet) :** Le « e » caduc est élidé (c'est-à-dire qu'il ne se prononce pas) lorsqu'il est placé en fin de vers ou qu'il est suivi d'une voyelle à l'intérieur du vers. Il compte seulement s'il est placé entre deux consonnes à l'intérieur du vers.

> 　1　2　　3　4　　5　6　　　7　8　　9　 10 11　　12
> Ex. : Man/ger/ l'her/<u>be</u>/ d'au/trui !/ Quel /cri/<u>m(e) a</u>/bo/mi/<u>nabl(e)</u> !

> Jean de LA FONTAINE, « Les animaux malades de la peste », *Fables*.

◆ **Les voyelles en contact :** Lorsqu'elles se suivent à l'intérieur d'un mot (ex. : n<u>ui</u>t, l<u>io</u>n), deux voyelles se prononcent soit en une seule syllabe (**synérèse**), soit en deux syllabes (**diérèse**). C'est la comparaison avec la longueur des autres vers de la strophe qui permet de déterminer si la prononciation se fait en une ou deux syllabes, puisque les vers comportent le même nombre de syllabes dans la versification classique.

> 　1 2 3　4　　5　　6　7　 8　　9　　10　 11　 12
> Ex. : En/vo/le-/toi/ b<u>ie</u>n/ l<u>oi</u>n/ de/ ces/ m<u>ia</u>s/mes/ mor/bides

> 　1　2　　3 4 5　6　　7　　　8　　9　 10 11 12
> Va/ te/ pu/ri/**fi**/**er**/ dans/ l'air/ su/pé/**ri**/**eur**

> Charles BAUDELAIRE, « Élévation », *Les Fleurs du mal*.

---

1. Une syllabe est un groupe de consonnes et de voyelles qui se prononcent d'une seule émission de voix. Il est préférable d'employer ce terme et non le terme *pied*, car ce dernier, calqué sur le découpage du vers latin (alternance de voyelles brèves et de voyelles longues), ne s'applique pas à la versification française.

Nom des vers: La plupart des vers tirent leur nom du nombre de syllabes qui les composent.

Monosyllabe: Vers d'une syllabe.

Dissyllabe: Vers de deux syllabes.

Trisyllabe: Vers de trois syllabes.

Quadrisyllabe: Vers de quatre syllabes.

Pentasyllabe: Vers de cinq syllabes.

Hexasyllabe: Vers de six syllabes.

Heptasyllabe: Vers de sept syllabes.

Octosyllabe: Vers de huit syllabes. Fréquent en poésie lyrique et en chanson, l'octosyllabe n'a pas de coupe régulière et ne comporte pas de césure.

Ennéasyllabe: Vers de neuf syllabes.

Décasyllabe: Vers de dix syllabes. Le décasyllabe a été largement utilisé au Moyen Âge et à la Renaissance, avant d'être supplanté par l'alexandrin.

Hendécasyllabe: Vers de onze syllabes.

Alexandrin (ou dodécasyllabe): Vers de douze syllabes. L'alexandrin comporte généralement une césure qui le divise en deux hémistiches. Il s'agit du vers le plus utilisé depuis le XVIᵉ siècle, tant en poésie qu'au théâtre.

Vers libre: Vers non rimé de longueur irrégulière. Utilisé depuis la fin du XIXᵉ siècle, le vers libre a progressivement supplanté les vers réguliers au XXᵉ siècle.

Enjambement: Procédé de versification qui consiste à ne pas faire coïncider la fin d'une phrase avec la fin du vers et à en reporter une partie sur le vers suivant. S'il est court, l'élément rejeté sur le vers suivant porte le nom de **rejet**. Si, au contraire, la phrase commence à la fin d'un vers, ce court segment porte le nom de **contre-rejet**. (Pour plus d'informations à ce sujet, voir la page 63 du présent guide.)

Les accents et les coupes

Accent: Syllabe prononcée plus fortement que les autres. Dans un vers, certains accents liés à la structure et à la longueur du vers sont fixes, alors que d'autres accents, liés à la prononciation des mots, sont mobiles. (Pour plus d'informations à ce sujet, voir la page 64 du présent guide.)

Coupe: Pause respiratoire placée après une syllabe accentuée dans un vers. L'emplacement des coupes permet de créer différents effets rythmiques. Dans certains vers, la coupe est renforcée par la présence d'un signe de ponctuation.

Ex.: Tout nous charmait,/ les bois,// le jour serein,/ l'air pur,/

Victor HUGO, « La fête chez Thérèse », Les Contemplations.

Non, /non,/ je te défends,// Céphise,/ de me suivre./

Jean RACINE, Andromaque.

Césure: Coupe fixe qui sépare en deux hémistiches les vers de plus de huit syllabes (le plus souvent, un alexandrin ou un décasyllabe).

Exemple: Résigne-toi, mon cœur;// dors ton sommeil de brute.

Charles BAUDELAIRE, «Le goût du néant», *Les Fleurs du mal*.

Hémistiche: Moitié d'un vers (le plus souvent, un alexandrin ou un décasyllabe) comportant une césure. L'alexandrin classique comprend deux hémistiches de six syllabes chacun. Dans le décasyllabe, la césure est le plus souvent placée après la quatrième ou la cinquième syllabe.

La rime

Rime: Récurrence, à la fin de deux vers ou plus, d'un certain nombre de sons (il s'agit généralement de la dernière voyelle accentuée du vers et de ce qui la suit).

Genre des rimes: Les rimes **féminines** se terminent par un «e» caduc (qui peut être suivi de consonnes non prononcées); toutes les autres rimes sont dites **masculines**. La versification classique préconisait l'alternance des rimes masculines et féminines.

Ex.: Vaincu, chargé de fers, de regrets cons<u>umé</u>,
Brûlé de plus de feux que je n'en all<u>umai</u>,
Tant de soins, tant de pleurs, tant d'ardeurs inquiè<u>tes</u>...
Hélas! Fus-je jamais si cruel que vous l'<u>êtes</u>?

Jean RACINE, *Andromaque*.

Qualité des rimes: La qualité des rimes est mesurée par le nombre de sonorités communes que partagent les vers. Le «e» caduc qui termine un vers ne compte jamais pour une sonorité.

◆ **Rime pauvre:** Rime qui ne comporte qu'une sonorité commune, c'est-à-dire la dernière voyelle accentuée du vers.

Exemple d'une seule sonorité commune en [u]

Le Corbeau, honteux et conf<u>us</u>
Jura, mais un peu tard, qu'on ne l'y prendrait pl<u>us</u>.

Jean de LA FONTAINE, «Le Corbeau et le renard», *Fables*.

◆ **Rime suffisante:** Rime qui comporte deux sonorités communes.

Exemple de deux sonorités communes: [b] + [o]

Hé! bonjour, Monsieur du Cor<u>beau</u>
Que vous êtes joli! que vous me semblez <u>beau</u>!

Jean de LA FONTAINE, «Le Corbeau et le renard», *Fables*.

◆ **Rime riche:** Rime qui comporte au moins trois sonorités communes.

Exemple de trois sonorités communes: [m] + [a] + [j]

Sans mentir, si votre ra<u>mag(e)</u>
Se rapporte à votre plu<u>mag(e)</u>

Jean de LA FONTAINE, «Le Corbeau et le renard», *Fables*.

Disposition des rimes: Les modes les plus fréquents de combinaison des rimes sont les suivants:

♦ **Rimes plates (ou suivies):** Rimes qui s'enchaînent directement (AABB).

Ex.: Selon que votre idée est plus ou moins obsc<u>ure</u>,
L'expression la suit, ou moins nette, ou plus p<u>ure</u>.
Ce que l'on conçoit bien s'énonce claire<u>ment</u>,
Et les mots pour le dire arrivent aisé<u>ment</u>.

Nicolas BOILEAU, *Art poétique.*

♦ **Rimes croisées (ou alternées):** Rimes qui s'entrecroisent (ABAB).

Ex.: Ô Temps! suspends ton vol; et vous, heures prop<u>ices</u>,
Suspendez votre c<u>ours</u>!
Laissez-nous savourer les rapides dél<u>ices</u>
Des plus beaux de nos j<u>ours</u>!

Alphonse de LAMARTINE, «Le lac», *Méditations poétiques.*

♦ **Rimes embrassées:** Rimes plates insérées dans une autre rime (ABBA).

Ex.: Comme de longs échos qui de loin se conf<u>ondent</u>
Dans une ténébreuse et profonde unit<u>é</u>,
Vaste comme la nuit et comme la clart<u>é</u>,
Les parfums, les couleurs et les sons se rép<u>ondent</u>.

Charles BAUDELAIRE, «Correspondances», *Les Fleurs du mal.*

La strophe

Strophe: Groupe de vers séparé d'un autre groupe de vers par un double interligne et organisé par certaines règles qui assurent sa cohésion (longueur du vers, nombre de vers dans la strophe, assemblage des rimes). La strophe est l'équivalent d'un paragraphe dans un texte en prose. Une strophe comportant un seul type de vers est **isométrique**, tandis qu'une strophe qui compte plusieurs types de vers de longueurs différentes est **hétérométrique**. Les strophes tirent leur nom du nombre de vers qu'elles contiennent.

Monostiche: Strophe d'un vers.

Distique: Strophe de deux vers.

Tercet: Strophe de trois vers.

Quatrain: Strophe de quatre vers.

Quintil: Strophe de cinq vers.

Sizain: Strophe de six vers.

Septain: Strophe de sept vers.

Huitain: Strophe de huit vers.

Neuvain (ou nonain): Strophe de neuf vers.

Dizain: Strophe de 10 vers.

Onzain: Strophe de 11 vers.

Douzain: Strophe de 12 vers.

Quelques formes poétiques

Formes fixes : Poèmes qui obéissent à des règles rigoureuses de structure établies au fil du temps par les théoriciens et les praticiens de la littérature. Le sonnet, la ballade, l'épopée, l'ode, le rondeau et la stance sont des exemples de formes fixes.

Sonnet : Poème de 14 vers répartis en 2 quatrains et 2 tercets qui adoptent la combinaison rimique *abba abba ccd ede* ou *abba abba ccd eed*. Le dernier vers constitue souvent une chute qui met l'accent sur un aspect particulier du poème et donne sens à l'ensemble. Très populaire de la Renaissance jusqu'au XIXe siècle, le sonnet est la forme fixe qui a eu le succès le plus durable en France. Ex. : « Le Vaisseau d'or » d'Émile NELLIGAN.

Ballade : Poème composé de trois strophes isométriques et d'une demi-strophe, appelée l'**envoi**, qui s'adresse au destinataire du poème. La ballade est aussi caractérisée par un **refrain**, c'est-à-dire par un vers répété à la fin de chaque strophe. Il s'agit d'une des formes fixes les plus célèbres de l'héritage lyrique médiéval. Ex. : « Ballade des dames du temps jadis » de François VILLON.

Épopée : Long poème héroïque qui célèbre les exploits d'un héros. La **chanson de geste** est la forme médiévale de l'épopée. Ex. : « L'Odyssée » d'HOMÈRE.

Ode : Poème lyrique le plus souvent constitué de strophes symétriques. L'ode fut populaire dans l'Antiquité et à la Renaissance. Ex. : « Mignonne, allons voir… » de Pierre de RONSARD.

Rondeau : Poème généralement composé de 15 vers groupés en 3 strophes, écrits en octosyllabes ou en décasyllabes. Les deux dernières strophes se terminent par un **refrain** d'un demi-vers qui correspond à la première moitié du premier vers du poème. Originellement destiné à être chanté, le rondeau fut très en vogue jusqu'à la première moitié du XVIe siècle. Ex. : « De l'amour du siècle antique » de Clément MAROT.

Stance : Poème lyrique composé d'un nombre variable de strophes habituellement symétriques. Au théâtre, les stances sont utilisées dans certains monologues pour rompre le rythme monotone des rimes plates. Ex. : Acte 1 scène b du *Cid* de Pierre CORNEILLE.

Autres formes poétiques : À partir du XIXe siècle, les formes fixes disparaissent progressivement au profit du poème en prose et de poèmes qui n'obéissent pas à des règles préétablies.

Poème en prose : Poème qui abandonne le vers ayant caractérisé la poésie pendant des siècles, mais qui continue d'accorder une importance particulière au rythme, aux sonorités et aux images, ce qui préserve son caractère poétique. Ex. : « Le mauvais vitrier » de Charles BAUDELAIRE.

Le récit

Récit : Genre littéraire dans lequel un narrateur fait le récit d'une histoire fictive ou réelle.

Quelques formes narratives

Roman : Récit en prose assez long qui s'articule autour d'une intrigue pouvant être de diverses natures (intrigue policière, psychologique, historique, de mœurs, d'apprentissage, d'aventures, de science-fiction, etc.). Ex. : *Le Matou* d'Yves BEAUCHEMIN.

Un **roman épistolaire** est rédigé sous forme de lettres.
Ex. : *Les Liaisons dangereuses* de CHODERLOS DE LACLOS.

Conte : Récit fictif assez bref destiné à divertir ou à faire réfléchir.

Le **conte fantastique** plonge le lecteur dans une atmosphère angoissante en intégrant des éléments surnaturels dans un univers qui semble bien réel.
Ex. : *Le Horla* de Guy de MAUPASSANT.

Le **conte merveilleux** raconte une histoire qui se déroule à une époque et dans des lieux irréels où les événements inexplicables sont acceptés comme tels.
Ex. : *La Belle au bois dormant* de Charles PERRAULT.

Le **conte philosophique** est un conte merveilleux qui se distingue par sa fonction didactique et contestataire.
Ex. : *Candide* de VOLTAIRE.

Nouvelle : Bref récit centré sur une intrigue unique qui ne réunit qu'un petit nombre de personnages. Ex. : *Le Torrent* d'Anne HÉBERT.

Fable : Bref récit en vers ou en prose destiné à illustrer une morale. Ex. : *Le Corbeau et le Renard* de Jean de LA FONTAINE.

Fabliau : Bref récit médiéval rédigé en vers qui raconte une histoire comique marquée par l'obscénité et la scatologie. Ex. : *Le Vilain de Bailleul* de Jean BODEL.

Lai : Bref récit médiéval rédigé en vers relatant des épisodes tirés des légendes de Bretagne. Ex. : *Yonec* de Marie de FRANCE.

Autobiographie : Récit dans lequel un auteur raconte sa propre vie. Ex. : *La Détresse et l'enchantement* de Gabrielle ROY.

Mémoires : Récit qu'une personne fait d'événements historiques auxquels elle a participé ou dont elle a été témoin. Ex. : *Mémoires d'outre-tombe* de François-René de CHATEAUBRIAND.

Parabole : Récit allégorique des livres saints qui dispense un enseignement religieux ou moral. Ex. : *Le bon grain et l'ivraie*.

L'histoire

Histoire : Succession d'actions qui mettent en relation des personnages évoluant dans un temps et un lieu donnés.

Personnages : Acteurs de l'intrigue. Les personnages prennent part aux événements de l'histoire et contribuent ainsi à sa progression.

Protagoniste : Personnage principal d'une œuvre, également appelé **héros**.

Adjuvant : Personnage qui vient en aide au héros, qui lui permet d'atteindre son objectif.

Antagoniste : Personnage qui fait obstacle au héros, qui l'empêche d'atteindre son objectif.

La structure de l'intrigue narrative

Intrigue : Ensemble des événements et des faits et gestes accomplis par les personnages. Généralement unique dans un court récit, telle la nouvelle, l'intrigue peut être multiple dans un roman.

Exposition : Partie initiale d'une œuvre qui expose les détails importants pour la compréhension de l'intrigue : temps, lieux, personnages, thème central de l'intrigue, etc.

Péripétie : Événement inattendu qui entraîne un changement subit de situation tout en faisant progresser l'intrigue.

Nœud : Point culminant de l'intrigue, où la situation conflictuelle atteint son paroxysme.

Dénouement : Dernière partie d'une œuvre, où se dénoue l'intrigue.

La narration

Narration : Manière de raconter une histoire.

Narrateur : Locuteur qui raconte une histoire. Il peut faire partie de l'histoire (**narrateur personnage**) ou être extérieur aux événements relatés (**narrateur externe**).

Focalisation : Point de vue ou angle sous lequel le narrateur externe raconte l'histoire. La focalisation peut être :

> **interne :** lorsque le narrateur est dans la tête d'un personnage, qu'il exprime son point de vue sur les événements en ignorant ce que pensent les autres personnages ;

> **externe :** lorsque le narrateur ignore ce qui se passe dans la tête des personnages, qu'il n'est qu'un simple témoin des événements, telle une caméra ;

> **zéro (ou omnisciente) :** lorsque le narrateur sait tout, qu'il en sait même plus que les personnages eux-mêmes, puisqu'il connaît leurs désirs, leurs aspirations et leur avenir.

Mise en abyme : Procédé narratif qui consiste à intégrer à une œuvre une image de l'œuvre elle-même, par exemple en présentant un roman dans un roman ou en faisant voir un auteur dans son œuvre.

Description : Procédé narratif qui consiste à énumérer des caractères d'un lieu, d'un objet ou d'un personnage.

Portrait : Procédé narratif qui consiste à décrire un personnage sur le plan moral, physique, psychologique ou social.

Discours rapporté : Procédé narratif qui consiste à rapporter les paroles d'un personnage. Dans le **discours direct,** le narrateur rapporte un discours en citant directement les paroles entendues. Dans le **discours indirect**, il ne rapporte que le contenu du discours, sans citer les paroles exactes. Dans le **discours indirect libre**, il reproduit les paroles entendues sans les citer de manière directe. (Voir la page 8 du présent guide pour plus de détails.)

Le théâtre

Théâtre : Genre littéraire en vers ou en prose destiné à être joué devant un public.

Quelques formes dramatiques

Tragédie : Œuvre dramatique, écrite en vers dans une langue soutenue et sur un ton grave, qui met en scène des personnages hors du commun aux prises avec un destin funeste. Née dans la Grèce du Vᵉ siècle av. J.-C., la tragédie vise à susciter ce qu'Aristote appelle la **catharsis**, c'est-à-dire la « purgation des passions ». Cet effet de libération est provoqué par l'identification du spectateur au sort tragique du héros. Ex. : *Œdipe-Roi* de SOPHOCLE.

Héritière de la tragédie antique, la tragédie classique (XVIIᵉ siècle) doit également être **vraisemblable** (caractère par lequel les événements d'une intrigue semblent vrais et possibles dans la réalité), elle doit respecter la règle de **bienséance** (usage à mettre en pratique en conformité avec les conventions de l'époque) ainsi que la **règle des trois unités** : l'action doit se produire dans un délai limite de 24 heures (unité de temps), dans un lieu unique (unité de lieu) et doit s'organiser autour d'une intrigue principale (unité d'action). Ex. : *Phèdre* de Jean RACINE.

Comédie : Œuvre dramatique caractérisée par un ton léger, une langue familière et un dénouement heureux. La comédie divertit en faisant ressortir les travers de la nature humaine ou en ridiculisant les mœurs de la société. Afin d'atteindre leur objectif, les auteurs peuvent recourir au **comique de geste** (mimiques des personnages, grimaces), au **comique de situation** (quiproquos), au **comique de caractère** (exagération d'un tempérament, d'un trait de caractère particulier) ou au **comique de mots** (jeux de mots, répétitions, hyperboles). Ex. : *Le Bourgeois gentilhomme* de MOLIÈRE.

Tragi-comédie : Œuvre dramatique fleurissant en France à la fin du XVIᵉ siècle et dans la première moitié du XVIIᵉ siècle. Ce genre intègre à la tragédie des éléments de la comédie, notamment un dénouement heureux, des personnages issus de diverses classes sociales et des registres de langue variés. Ex. : *Le Cid* de Pierre CORNEILLE.

Drame bourgeois : Œuvre dramatique sérieuse née au XVIIIᵉ siècle, qui met en scène des héros issus de la classe populaire mêlés à des conflits d'ordre familial ou social. Ex. : *Le Mariage de Figaro* de BEAUMARCHAIS.

Drame romantique : Œuvre dramatique en prose d'un caractère pathétique, dont le genre domine en France au XIXᵉ siècle. Le drame romantique, qui tente de s'affranchir des règles classiques, met en scène des personnages historiques et se caractérise par une opposition entre les extrêmes : le grotesque et le sublime, le laid et le beau, le mal et le bien. Ex. : *Lorenzaccio* d'Alfred de MUSSET.

Mélodrame : Drame populaire, souvent accompagné de musique, caractérisé par un univers manichéen (des héros vertueux persécutés par des adversaires cruels). C'est un genre qui vise à émouvoir le spectateur en exaltant ses bons sentiments et en réprouvant les petites et grandes méchancetés du cœur humain. Ex. : *La petite Aurore, l'enfant martyre*.

Farce : Comédie populaire de nature bouffonne destinée à faire rire. Ex. : *La Farce de Maître Pathelin*.

Commedia dell'arte : Comédie originaire de l'Italie du XVIᵉ siècle caractérisée par l'usage du masque et par l'improvisation à partir de simples **canevas** (résumé d'une intrigue visant à orienter l'improvisation des acteurs).

Vaudeville : Comédie légère fertile en rebondissements, où les chants, les danses et les acrobaties agrémentent les intrigues. Ex. : *Le Dindon* de Georges FEYDEAU.

L'organisation du texte dramatique

Acte : Division principale du texte dramatique en fonction du déroulement de l'intrigue.

Tableau : Division possible du texte dramatique fondé sur un changement de lieu ou de temps.

Scène : Chacune des subdivisions d'un acte, généralement établies d'après l'entrée en scène ou la sortie d'un personnage.

Didascalie : Indication scénique qui guide la mise en scène en donnant des informations sur les costumes, le mouvement des acteurs, les décors, les éclairages, etc.

L'organisation du discours dramatique

Réplique : Réponse d'un personnage à un autre au cours d'un dialogue.

Dialogue : Ensemble de répliques qu'échangent deux ou plusieurs personnages.

Monologue : Discours qu'un personnage, seul sur scène, adresse à lui-même.

Tirade : Longue réplique dite par un personnage devant d'autres personnages.

Aparté : Réflexion d'un personnage, à l'insu des autres personnages, que seul le spectateur est censé entendre.

La structure de l'intrigue dramatique

Intrigue : Ensemble des événements et des faits et gestes accomplis par les personnages, généralement divisé en quatre parties : exposition, péripéties, nœud, dénouement.

Exposition : Partie initiale d'une œuvre qui expose les détails importants pour la compréhension de l'intrigue : temps, lieux, personnages, thème central de l'intrigue, etc. L'exposition peut être précédée d'un **prologue** (discours introduisant l'intrigue).

Péripétie : Événement inattendu qui entraîne un changement subit de situation tout en faisant progresser l'intrigue.

Nœud : Point culminant de l'intrigue, où le conflit entre les personnages atteint son paroxysme.

Dénouement: Dernière partie d'une œuvre, où se dénoue l'intrigue. Dans les comédies, l'intrigue se dénoue ordinairement par un **coup de théâtre** (soudain retournement de situation qui change l'issue de l'intrigue). Le dénouement peut être suivi d'un **épilogue** (discours récapitulatif visant à tirer des conclusions ou des leçons de l'intrigue).

Les personnages

Personnages: Les personnages, principaux et secondaires, prennent part aux événements qui constituent l'intrigue et contribuent ainsi à son évolution.

Protagoniste: Personnage principal de l'intrigue, également appelé **héros**.

Confident: Personnage secondaire qui reçoit les confidences du protagoniste.

Chœur: Groupe de chanteurs, de danseurs, de comédiens qui représente un personnage collectif (les femmes, les citoyens, etc.) et qui, par ses interventions, commente les événements de l'intrigue, à laquelle il peut être mêlé. Dans le théâtre antique, le chef du chœur est appelé un **coryphée**.

La représentation théâtrale

Théâtre: Lieu où les acteurs présentent une œuvre dramatique.

Scène: Dans une salle de théâtre, espace où jouent les acteurs, devant les spectateurs.

Avant-scène: Partie de la scène située devant le rideau.

Coulisse: Partie cachée du public, située sur les côtés et en arrière de la scène.

Côté cour: Côté droit de la scène du point de vue des spectateurs.

Côté jardin: Côté gauche de la scène du point de vue des spectateurs.

Décor: Représentation d'un lieu.

Mise en scène: Procédé visant à transposer l'écriture dramatique en représentation théâtrale. Le metteur en scène en est le concepteur.

Scénographie: Art de l'organisation de l'espace scénique.

Acteur: Artiste qui interprète un rôle sur scène, également appelé **comédien**.

Figurant: Acteur incarnant un rôle secondaire, généralement muet.

Gestuelle: Ensemble des mouvements et des gestes propres à un acteur, à un personnage ou à un style de jeu.

Médiagraphie

AQUIEN, Michèle. *Dictionnaire de poétique*, Paris, Le livre de poche, 1993.

AQUIEN, Michèle. *La versification*, coll. Que sais-je?, Paris, Presses universitaires de France, 1990.

ARCAND, Richard. *Les Figures de style Allégorie, ellipse, hyperbole, métaphore....*, Montréal, Les Éditions de l'Homme, 2004.

BACRY, Patrick. *Les Figures de style*, coll. Sujets, Paris, Belin, 1992.

BONHOMME, Marc. *Les Figures du discours*, Paris, Seuil, 1998.

BUFFAR-MORET, Brigitte. *Introduction à la versification*, Paris, Dunod, 1997.

CHARAUDEAU, Patrick. *Grammaire du sens et de l'expression*, Paris, Hachette, 1992.

CHARTRAND, Suzanne-G., Denis AUBIN, Raymond BLAIN et Claude SIMARD. *Grammaire pédagogique du français d'aujourd'hui*, Boucherville, Graficor, 1999.

DE VILLERS, Marie-Éva. *Multidictionnaire de la langue française*, quatrième édition, Montréal, Québec Amérique, 2003.

DESSONS, Gérard. *Introduction à l'analyse du poème*, Paris, Nathan, 2000.

Dictionnaire du théâtre. Encyclopædia Universalis, Paris, Albin Michel, 1998.

DUFIEF, Anne Simone. *La versification. 100 exercices avec corrigés*, Paris, Hatier, 1997.

DUPONT, L. *De l'analyse grammaticale à l'analyse littéraire*, Bruxelles, Marcel Didier éditeur, 1962.

DUPRIEZ, Bernard. *Gradus Les Procédés littéraires*, Paris, Union générale d'Éditions, 1984.

FONTANIER, Pierre. *Les figures du discours*, Paris, Flammarion, 1977 (réédition d'un ouvrage publié en 1830).

FROMILHAGUE, Catherine. *Les Figures de style*, Paris, Nathan, 1995.

FRONTIER, Alain. *La poésie*, Paris, Belin, 1992.

GARDES-TAMINE, Joëlle. *La Stylistique*, coll. Cursus, Paris, Armand Colin, 1992.

GENETTE, Gérard. «Frontières du récit», tiré de *L'Analyse structurale du récit*, coll. Point, Paris, Seuil, 1981.

GENEVAY, Éric. *Ouvrir la grammaire*, Montréal, Éditions de la Chenelière, 1994.

GÉRIN, L., et H. MAISONNEUVE. «Analyse formelle d'un texte littéraire : le statu quo est-il possible?», *Correspondance*, vol. 9, n° 1, septembre 2003, Centre collégial de développement de matériel didactique.

GREVISSE, Maurice. *Précis de grammaire française*, 26e édition, Gembloux, Éditions Duculot, 1959.

KLEIN-LATAUD, Christine. *Précis des figures de style*, coll. Traduire, Écrire, Lire, Toronto, Éditions du Gref, 2001.

LINARES, Serge. *Introduction à la poésie*, Paris, Nathan, 2000.

Littératures et langages, sous la direction de Catherine KLEIN, Hachette, 2000.

MAISONNEUVE, H. *Vade-mecum de la nouvelle grammaire*, Centre collégial de développement de matériel didactique, mars 2003.

MOLINIÉ, Georges. *Éléments de stylistique française*, coll. Linguistique nouvelle, Paris, Presses universitaires de France, 1986.

PAVIS, Patrice. *Dictionnaire du Théâtre*, Paris, Armand Colin, 2002.

POUGEOISE, Michel. *Dictionnaire de poétique*, Paris, Belin, 2006.

REUTER, Yves. *Introduction à l'analyse du Roman*, Paris, Bordas, 1991.

RIEGEL, Martin, Jean-Christophe PELLAT et René RIOUL. *Grammaire méthodique du français*, Paris, Presses universitaires de France, 1998.

ROBRIEUX, Jean-Jacques. *Les Figures de style et de rhétorique*. Paris, Dunod, 1998.

SUHAMY, Henri. *Les Figures de style*, coll. Que sais-je ?, Paris, Presses universitaires de France, 1981.

TODOROV, Tzvetan. *Les Genres du discours*, Paris, Seuil, 1978.

VIGNEAULT, Louise. *La Lecture du spectacle théâtral*, Laval, Mondia, 1989.

www.cafe.umontreal.ca/cle/index.html

www.lettres.net/lexique/

www.theatrales.uqam.ca/glossaire.html

Index des auteurs cités

Index des notions